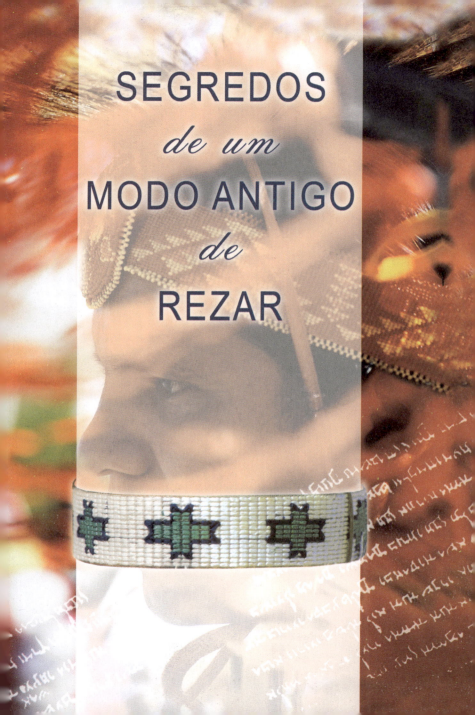
SEGREDOS
de um
MODO ANTIGO
de
REZAR

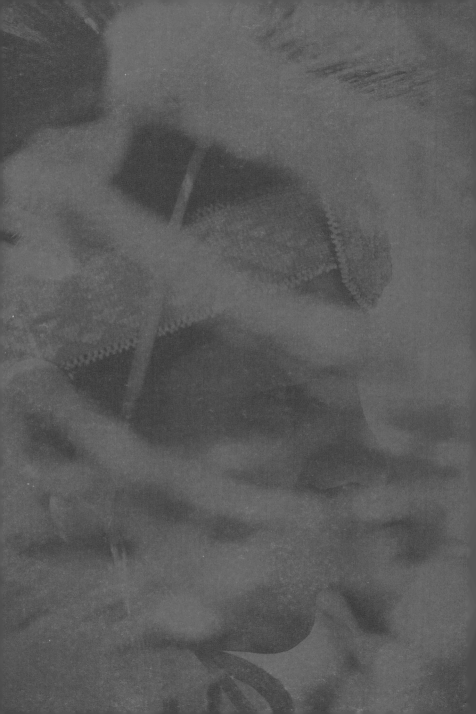

SEGREDOS
de um
MODO ANTIGO
de
REZAR

DESCUBRA A LINGUAGEM PODEROSA QUE NOS LIGA À MENTE DE DEUS

GREGG BRADEN

Tradução
Cleusa Margô Wosgrau
Euclides Luiz Calloni

Editora
Cultrix
SÃO PAULO

Título original: *Secrets of the Lost Mode of Prayer*

Copyright © 2006 Gregg Braden.

Publicado originalmente em 2006 por Hay House, Inc. USA

1ª edição 2009.

2ª reimpressão 2023.

Todos os direitos reservados. Nenhuma parte deste livro pode ser reproduzida ou usada de qualquer forma ou por qualquer meio, eletrônico ou mecânico, inclusive fotocópias, gravações ou sistema de armazenamento em banco de dados, sem permissão por escrito, exceto nos casos de trechos curtos citados em resenhas críticas ou artigos de revistas.

A Editora Cultrix não se responsabiliza por eventuais mudanças ocorridas nos endereços convencionais ou eletrônicos citados neste livro.

Fotografias e ilustrações do interior do livro: Gregg Braden e www.photos.com

Dados Internacionais de Catalogação na Publicação (CIP)
(Câmara Brasileira do Livro, SP, Brasil)

Braden, Gregg
    Segredos de um modo antigo de rezar : descubra a linguagem poderosa que nos liga à mente de Deus / Gregg Braden ; tradução Cleusa Margô Wosgrau, Euclides Luiz Calloni. — São Paulo : Cultrix, 2009.
    Título original: Secrets of the lost mode of prayer : the hidden power of beauty, blessing, wisdom, and hurt.

    ISBN 978-85-316-1055-4
    1. Oração 2. Oração - História I. Título.

09-09204   CDD-242.72

Índices para catálogo sistemático:
1. Oração : Teologia devocional 242.72

Direitos de tradução para a o Brasil
adquiridos com exclusividade pela
EDITORA PENSAMENTO-CULTRIX LTDA.
Rua Dr. Mário Vicente, 368 — 04270-000 — São Paulo, SP
Fone: 2066-9000
E-mail: atendimento@editoracultrix.com.br
http:/www.editoracultrix.com.br
que se reserva a propriedade literária desta tradução.

Este livro é para aqueles que buscam alívio para o medo e para as incertezas do nosso mundo. Nos momentos em que as angústias da vida invadem os espaços ocultos da sua alma, eu o convido a refugiar-se na beleza, na bênção, na nossa forma perdida de oração e na sabedoria profunda sobre a qual cada uma delas se apoia. É nesse refúgio que você pode encontrar sentido para o que parece incompreensível e a força que o orienta para o término de mais um dia.

Sumário

Introdução 9

Capítulo 1: *O Primeiro Segredo:*
A Nossa Forma Perdida de Oração 23

Capítulo 2: *O Segundo Segredo:*
O Sofrimento é o Professor,
A Sabedoria é a Lição 51

Capítulo 3: *O Terceiro Segredo:*
Bênção é Libertação 85

Capítulo 4: *O Quarto Segredo:*
A Beleza Transforma 115

Capítulo 5: *O Quinto Segredo:*
Orações Pessoais 135

Notas 153
Sobre o Autor 158

Introdução

"EXISTEM BELAS E IMPETUOSAS FORÇAS DENTRO DE NÓS."

Com essas palavras, São Francisco de Assis descreveu o mistério e o poder que habitam o interior de cada homem, mulher e criança que nasce neste mundo. O poeta sufi Rumi foi além, e descreveu a magnitude desse poder comparando-o a um grande remo que nos impulsiona através da vida. Ele diz: "Se puseres a tua alma junto a esse remo comigo, o poder que formou o universo entrará no teu tendão desde uma fonte que *não está fora* dos teus membros, mas desde um reino sagrado *que está dentro de nós*".[1]

segredos de um modo antigo de rezar

Com essa linguagem poética, Rumi e São Francisco expressam algo que está além da experiência manifesta do nosso mundo de cada dia. Com palavras do seu tempo, eles nos lembram daquilo que para os antigos era a maior força do universo — o poder que nos une ao cosmos. Hoje conhecemos esse poder como "oração". Refletindo sobre a oração, São Francisco dizia simplesmente, "O resultado da oração é vida". A oração nos dá vida, diz ele, porque "irriga a terra e o coração".

A ponte para o nosso passado

O conhecimento é a ponte que nos liga com todos os que nos precederam. De civilização em civilização e de existência em existência, contribuímos com as histórias individuais que se tornam a nossa história coletiva. Por melhor que preservemos as informações do passado, porém, as palavras dessas histórias são pouco mais que "dados" até que lhes demos sentido. É o modo como aplicamos o que sabemos do nosso passado que se torna a sabedoria do presente.

Durante milhares de anos, por exemplo, os que nos antecederam preservaram o conhecimento da oração, da razão por que ela é eficaz e de como podemos usá-la em nossa vida. Em templos majestosos e em sepulturas modestas, por meio da linguagem e dos costumes que mudaram muito pouco pelo menos durante 5.000 anos, os nossos ancestrais preservaram o conhecimento poderoso da oração. O segredo, contudo, não se encontra nas palavras das orações em si. Assim como o poder de um programa de computador é mais do que a linguagem em que ele está escrito, precisamos pesquisar mais profundamente para conhecer o verdadeiro poder que nos espera quando rezamos.

Pode ser exatamente esse poder que o místico George Gurdjieff descobriu como resultado da sua busca da verdade, uma busca a que

Introdução

dedicou toda a sua vida. Depois de anos seguindo antigas pistas que o levavam de templos a aldeias e de um mestre a outro, ele chegou num mosteiro secreto escondido nas montanhas do Oriente Médio. Ali, um mestre extraordinário proferiu as palavras de estímulo que tornaram sua busca valiosa: "Encontraste agora as condições em que o desejo do teu coração pode se tornar a realidade do teu ser". Não posso fazer mais nada senão acreditar que a oração faz parte das condições descobertas por Gurdjieff.

Para liberar o que São Francisco chamou de "forças belas e impetuosas" dentro de nós e descobrir as condições em que o desejo do nosso coração se torna realidade, precisamos compreender a nossa relação com nós mesmos, com o nosso mundo e com Deus. Por meio de palavras do passado, ficamos sabendo como fazer isso. Em seu livro *O Profeta*, Khalil Gibran nos lembra de que não podemos aprender coisas que já sabemos. Ele diz: "Nenhum homem pode revelar-vos o que já está meio adormecido na aurora do vosso conhecimento". Faz enorme sentido já termos oculto dentro de nós o poder de nos comunicar com a força responsável por nossa existência! Para isso, porém, precisamos descobrir quem *realmente* somos.

Duas perguntas universais

Perguntaram certa vez ao antropólogo pioneiro Louis Leakey por que eram tão importantes para ele as suas pesquisas para descobrir as provas mais antigas da existência humana. Ele respondeu: "Sem uma compreensão de quem somos e de onde viemos, creio que não podemos progredir verdadeiramente". As palavras de Leakey contêm muita verdade — tanto que a maior parte da minha vida adulta vem girando em torno da minha busca para saber quem somos e como o conhecimento do nosso passado pode nos ajudar a ser pessoas melhores e a criar um mundo melhor.

segredos de um modo antigo de rezar

Com exceção da Antártica, a minha busca do mistério do nosso passado levou-me a todos os continentes do planeta. De grandes cidades como Cairo e Bangkok a aldeias remotas no Peru e na Bolívia, de antigos mosteiros no Himalaia do Tibete a templos hindus no Nepal, durante o tempo em que vivenciei essas culturas, um único tema se destacou. As pessoas deste mundo estão preparadas para algo mais do que o sofrimento e a incerteza que definiram suas vidas na maior parte do século XX. Elas estão preparadas para a paz e para a promessa de um amanhã melhor.

Embora nossas culturas e modos de vida pareçam diferentes externamente, sob a superfície estamos todos em busca da mesma coisa — uma terra que possamos chamar de lar, uma maneira de sustentar nossas famílias e um futuro melhor para nós mesmos e para os nossos filhos. Ao mesmo tempo, há duas perguntas que as pessoas de todas as culturas me fazem seguidas vezes, seja diretamente seja com a ajuda de tradutores. A primeira é simplesmente: "O que está acontecendo com o nosso mundo?" A segunda é: "O que podemos fazer para melhorar as coisas?" As respostas para as duas parecem estar entremeadas num entendimento único que liga as tradições de oração atuais com as mais antigas e respeitadas tradições espirituais do nosso passado.

Quatrocentos anos atrás, nos altos desertos do sudoeste americano, os grandes guardiões de sabedoria das famílias navajo foram testados pela terra, pela natureza e pelas tribos vizinhas. Os extremos de aridez, de calor intenso e da falta de alimento vividos por suas sociedades levaram os navajos a compreender que deviam utilizar o poder do seu sofrimento *interior* para suportar as condições severas do seu mundo *exterior*. A sua própria sobrevivência dependia do aprendizado dessa lição.

Reconhecendo que as provações da vida os empurravam para as profundezas de seu maior sofrimento, eles também descobriram que as mesmas provações revelavam sua maior força. A chave para sua sobrevivência consistia em encarar os desafios da vida sem se perder na experiência. Eles precisavam encontrar uma "âncora" dentro de si mesmos — uma crença que lhes desse força interior para suportar as adversidades — e a esperança de que dias melhores sobreviriam. A partir desse lugar de poder eles adquiriram confiança para assumir riscos, mudar suas vidas e compreender o seu mundo.

Atualmente, a nossa vida parece não ser muito diferente daquela desses indivíduos corajosos que vagavam pelos altos desertos do sudoeste americano séculos antes da constituição desse país. Embora o cenário seja outro e as circunstâncias tenham mudado, ainda vivemos situações que abalam os alicerces das nossas crenças, põem à prova os limites da nossa sensibilidade e nos desafiam a superar os obstáculos que nos restringem. Num mundo que muitos descrevem como "despedaçado", pontilhado por atos insensatos de ódio, números recordes de relacionamentos fracassados, lares desfeitos e condições que ameaçam a sobrevivência de sociedades inteiras, somos desafiados a encontrar um modo de viver diariamente em paz, com alegria e um sentido de ordem.

Com uma eloquência típica dessa sabedoria antiga, a tradição navajo descreve um modo de ver a vida que põe a responsabilidade pela nossa felicidade ou sofrimento diretamente sobre os nossos ombros. Preservada como a Oração da Beleza, as palavras exatas variam de registro a registro e de recitação a recitação, embora a essência da oração possa ser dividida em três frases curtas. Por meio de 20 palavras apenas, os anciãos navajos transmitem uma sabedoria sofisticada, lembrando-nos da ligação que existe entre o nosso

segredos de um modo antigo de rezar

mundo interior e o mundo exterior, só recentemente reconhecida pela ciência atual.

Cada frase da oração, formada de três partes, oferece um vislumbre do poder de mudar a química do nosso corpo e de influenciar as possibilidades quânticas do nosso mundo. Em sua forma mais simples, as palavras da oração falam por si mesmas. Os navajos dizem: "Nizhonigoo bil iina", palavras que se traduzem aproximadamente como:

> *A beleza com que tu vives,*
> *A beleza pela qual tu vives,*
> *A beleza sobre a qual constróis tua vida.*[2]

Por meio das palavras de um autor há muito esquecido, a simplicidade dessa oração oferece esperança renovada quando tudo o mais parece ter falhado. Mas a Oração da Beleza é mais do que apenas palavras. Embutida em sua simplicidade está a chave para solucionar um dos maiores mistérios da humanidade: como sobrevivemos aos sofrimentos da vida? Em vez de nos prevenir e de evitar as situações mesmas que dão sentido a cada dia, o poder da beleza e da oração nos possibilita saltar diretamente para as nossas experiências, sabendo que qualquer dano que possamos sofrer é temporário. Graças à Oração da Beleza, o povo navajo há muito tem encontrado força, consolo e uma maneira de lidar com o sofrimento do nosso mundo.

Que segredos foram preservados por tradições como a dos navajos do sudoeste americano, dos monges e monjas do Tibete, e de outras culturas, enquanto muitos de nós rompemos a nossa relação com a terra, uns com os outros e com um poder maior? Que sabedoria possuíam no tempo deles que pode nos ajudar a ser pessoas melhores e a criar um mundo melhor no nosso tempo?

Introdução

Sofrimento, bênção, beleza e oração

Oculta no conhecimento daqueles que nos antecederam, encontramos a sabedoria que vivifica as nossas orações de cura e paz. Dos antigos escritos dos gnósticos e dos essênios às tradições nativas das Américas, o sofrimento, a bênção e a beleza são vistos como as chaves para sobreviver às nossas maiores provações. A oração é a linguagem que nos possibilita aplicar as lições das nossas experiências às situações da nossa vida.

Dessa perspectiva, "sabedoria" e "sofrimento" são dois extremos da mesma experiência. São o início e o término do mesmo ciclo. O sofrimento é o nosso sentimento inicial, a nossa resposta visceral à perda, à decepção ou à notícia de algo que agride as nossas emoções. A sabedoria é a expressão curada do nosso sofrimento. Transmutamos o sofrimento em sabedoria encontrando um novo significado nas experiências dolorosas. Bênção, beleza e oração são os instrumentos para a nossa mudança.

O visionário cristão do século XX, o reverendo Samuel Shoemaker, descreveu o poder da oração para produzir a mudança numa sentença única, poética e talvez enganosamente simples: "Pode ser que a oração não mude as coisas para *você*, mas com certeza *muda você* para as coisas". Embora não possamos retroceder no tempo para reverter a razão por que sofremos, temos o poder de transformar aquilo que a perda de pessoas queridas, o choque de promessas não cumpridas e as decepções da vida significam para nós. Ao fazer isso, abrimos a porta que nos leva a uma solução curativa até mesmo das nossas lembranças mais dolorosas.

Sem compreender a relação entre sabedoria e sofrimento, a nossa tolerância à dor pode parecer sem sentido — cruel até — e contínua, pois o ciclo de sofrimento permanece aberto. Mas como podemos nos distanciar do sofrimento da vida por tempo suficiente para des-

segredos de um modo antigo de rezar

cobrir a sabedoria em nossas experiências? Quando somos sacudidos por uma perda, por uma confiança quebrada ou por uma traição impensável horas ou momentos antes, como nos afastar das nossas emoções por tempo suficiente para sentir alguma outra coisa? É aqui que entra em cena o poder da bênção.

Bênção é libertação

"Bênção" é o antigo segredo que nos liberta do sofrimento da vida por tempo suficiente para substituí-lo por outro sentimento. Quando abençoamos as pessoas ou as coisas que nos fizeram sofrer, suspendemos temporariamente o ciclo de sofrimento. É irrelevante se essa suspensão dura um nanossegundo ou um dia inteiro. Qualquer que seja o período de tempo, durante a bênção abre-se para nós uma passagem por onde começamos a nossa cura e prosseguimos com a vida. A chave é que por um determinado período ficamos livres do sofrimento o bastante para que algo diferente entre no nosso coração e na nossa mente. Esse algo é o poder da "beleza".

A beleza transforma

As tradições mais antigas e sagradas nos lembram de que a beleza está em todas as coisas, independentemente de como as interpretamos na nossa vida diária. A beleza já está criada e está sempre presente. Embora possamos modificar o ambiente que nos envolve, criar novos relacionamentos e mudar-nos para novos lugares para satisfazer as nossas ideias sempre instáveis de equilíbrio e harmonia, os fundamentos que sustentam essa beleza já estão presentes.

Além da fruição das coisas que simplesmente agradam os nossos olhos, as tradições de sabedoria descrevem a beleza como uma *expe-*

riência que toca também o nosso coração, a nossa mente e a nossa alma. Com a nossa capacidade de perceber a beleza mesmo nos momentos "mais feios" da vida, podemos elevar-nos o suficiente para dar novo significado ao nosso sofrimento. Assim, a beleza é um mecanismo disparador que nos lança a uma nova perspectiva. A chave, porém, é que ela parece adormecida até o momento em que lhe dedicamos atenção. A beleza só desperta quando a convidamos a entrar na nossa vida.

Nossa forma perdida de oração

Encontramo-nos num mundo de experiências que desafiam a nossa sensibilidade e nos impelem para os limites do que podemos aceitar como pessoas racionais, amorosas. Diante da guerra e do genocídio além das nossas fronteiras, e do ódio baseado em nossas diferenças no seio das nossas próprias comunidades, como podemos sentir emoções como a paz e a cura? Obviamente, precisamos encontrar um meio de romper o ciclo de dor-sofrimento-raiva-ódio se queremos transcender as condições em que nos encontramos.

Nas formas de expressão do seu tempo, as antigas tradições nos legaram instruções precisas de como fazer justamente isso! Suas palavras nos lembram de que a "vida" não é nada a não ser um espelho do que nos tornamos dentro de nós. A chave para viver a nossa vida como beleza, ou como sofrimento, está unicamente na nossa capacidade de *nos tornarmos* essas qualidades em cada momento de cada dia. Um conjunto cada vez maior de evidências científicas oferece credibilidade renovada a essa sabedoria e ao papel poderoso que cada um de nós desempenha contribuindo para a cura, ou para o sofrimento, no nosso mundo.

Nos finais do século XX, experimentos confirmaram que estamos imersos num campo de energia que conecta todos nós com os

segredos de um modo antigo de rezar

acontecimentos do nosso mundo. Com nomes que variam desde Holograma Quântico até Mente de Deus, as pesquisas mostram que, por meio dessa energia, as crenças e orações *dentro* de nós são levadas para o mundo *ao redor* de nós. Tanto a ciência quanto a tradição antiga sugerem a mesma coisa: precisamos *integrar* na nossa vida as condições que queremos *vivenciar* no nosso mundo. Encontramos as instruções para uma forma perdida de oração que nos ajuda a fazer isso escondidas em alguns dos locais mais remotos e isolados ainda existentes na Terra.

Na primavera de 1998, tive a honra de conduzir uma peregrinação de 22 dias aos mosteiros do Tibete central, em busca de evidências de uma forma antiga e esquecida de oração — a linguagem que fala ao campo que une todas as coisas. Os monges e monjas que lá vivem transmitiram as instruções sobre um modo de rezar que o Ocidente em grande parte perdeu nas edições bíblicas do século IV da Igreja Cristã primitiva.[3] Preservada durante séculos nos textos e tradições dos que vivem no teto do mundo, essa forma "perdida" de oração não tem palavras ou expressões externas. Ela se baseia unicamente no sentimento.

Especificamente, ela nos convida a sentir como se a nossa oração já tivesse sido atendida, em vez de nos sentirmos impotentes e de precisar pedir ajuda a uma fonte superior. Recentemente, estudos mostraram que é exatamente essa qualidade de sentimento que de fato "fala" ao campo que nos liga ao mundo. Por meio de orações de sentimento, recebemos o poder de participar da cura da nossa vida e dos nossos relacionamentos, e também do nosso corpo e do nosso mundo.

Fazer como os anjos fazem...

A chave para utilizar essa forma de oração é reconhecer o poder oculto da beleza, da bênção, da sabedoria e do sofrimento. Cada um desempenha um papel necessário como parte de um ciclo maior que nos permite sentir, aprender, liberar e transcender os sofrimentos mais profundos da vida. As palavras de um escriba anônimo que registrou os ensinamentos de Jesus há quase 2.000 anos lembram-nos de que o poder para mudar o nosso mundo, como também os obstáculos que se interpõem entre nós e esse poder, está dentro de nós. Ele afirmou simplesmente, "A coisa mais difícil de todas [de fazer como seres humanos] é pensar como os anjos pensam... e fazer como os anjos fazem".[4]

A oração é a linguagem de Deus e dos anjos. Ela é também a linguagem que nos foi dada para curar o sofrimento da vida com sabedoria, beleza e graça. Quer aprendamos a respeito do poder da oração na Internet atualmente ou num rolo de pergaminho do século I, a mensagem é a mesma. Aceitar a nossa capacidade de usar essa linguagem universal pode bem ser o maior desafio da nossa vida. Ao mesmo tempo, é a fonte da nossa maior força. Quando sabemos sem nenhuma dúvida que *já* falamos a linguagem de sentimento da oração, despertamos aquela parte de nós que jamais pode ser roubada, perdida ou levada. Esse é o segredo da forma perdida de oração.

— *Gregg Braden*
Taos, Novo México

Capítulo Um

O PRIMEIRO SEGREDO:
A NOSSA FORMA PERDIDA DE ORAÇÃO

A força que criou os esplendores inimagináveis e os horrores inimagináveis refugiou-se em nós e seguirá as nossas ordens.
— Santa Catarina de Siena

EXISTE ALGO "LÁ FORA". MAIS ALÉM DAS NOSSAS PERCEPÇÕES DO MUNDO COTIDIANO EXISTE UMA PRESENÇA, OU FORÇA, QUE É AO MESMO TEMPO MISTERIOSA E CONSOLADORA. NÓS FALAMOS SOBRE ELA. NÓS A SENTIMOS. NÓS ACREDITAMOS NELA E LHE DIRIGIMOS AS NOSSAS PRECES, TALVEZ SEM SEQUER COMPREENDER EXATAMENTE O QUE *ELA* É.

segredos de um modo antigo de rezar

Chamando-a por nomes que variam desde Teia da Criação até Espírito de Deus, antigas tradições sabiam que essa presença existe. Sabiam também como aplicá-la em suas vidas. Com palavras do seu tempo, deixaram instruções detalhadas às futuras gerações descrevendo como podemos usar essa força invisível para curar o nosso corpo e relacionamentos e trazer paz ao nosso mundo. Hoje sabemos que a linguagem interliga os três como uma forma "perdida" de oração.

Diferentemente das orações tradicionais que podemos ter usado no passado, porém, essa técnica de rezar não é feita de palavras. Ela se baseia na linguagem silenciosa da emoção humana. Ela nos convida a sentir gratidão e reconhecimento, *como se as nossas preces já tivessem sido atendidas.* Por meio dessa qualidade de sentimento, os antigos acreditavam que temos acesso direto ao poder da criação: o Espírito de Deus.

No século XX, a ciência moderna pode ter redescoberto o Espírito de Deus como um campo de energia que é diferente de qualquer outra forma de energia. Ela parece estar em toda parte, sempre, e ter existido desde o princípio dos tempos. O homem geralmente considerado como pai da física quântica, Max Planck, afirmou que a existência do Campo sugere que uma grande inteligência é responsável pelo nosso mundo físico. "Devemos admitir por trás dessa força a existência de uma mente consciente e inteligente". Ele concluiu, dizendo simplesmente, "Essa mente é a matriz de toda matéria".[1] Referindo-se a ela em outros termos, como Campo Unificado, estudos contemporâneos comprovam que a matriz de Planck tem, de fato, inteligência. Como sugeriam os antigos, o Campo responde à emoção humana!

Qualquer que seja o nome que lhe demos ou a definição apresentada pela ciência e pela religião, está claro que existe algo lá fora — uma força, um campo, uma presença — que é o "grande ímã" que nos atrai incessantemente uns para os outros e nos liga a um poder superior. Sabendo que essa força existe, faz enorme sentido o fato de termos sido capazes de nos comunicar com ela de modo significativo e proveitoso em nossa vida. Basicamente, podemos descobrir que o mesmo poder que cura as nossas feridas mais profundas e cria paz entre as nações tem a chave da nossa sobrevivência como espécie.

Acredita-se que o censo mundial realizado em 2000 seja a amostra mais precisa do nosso mundo na história registrada. Entre as estatísticas expressivas que a pesquisa revelou sobre a nossa família global, e talvez a mais reveladora, é a nossa percepção quase universal de que estamos aqui com um propósito e que não estamos sozinhos. Mais de 95 por cento da população mundial acredita na existência de um poder superior. Desse percentual, mais da metade chama esse poder de "Deus".

A questão agora diz menos respeito à possível existência ou não de algo "lá fora" do que ao significado que esse "algo" tem em nossa vida. Como podemos nos dirigir ao poder superior em quem tantos de nós acreditamos? As mesmas tradições que descreveram os segredos da natureza milhares de anos atrás responderam também a essa pergunta. Como você poderia esperar, a linguagem que nos liga a Deus encontra-se numa experiência muito comum vivida por todos nós: a experiência dos nossos sentimentos e emoções.

Quando dirigimos a atenção para uma certa qualidade de sentimento em nosso coração, usamos na verdade o modo de oração que foi em grande parte esquecido depois das edições bíblicas do século IV, hoje amplamente publicadas. O segredo para usar o sentimento como nossa linguagem-oração é simplesmente compreender como a oração funciona. Nos santuários mais remotos e isolados que ainda restam na Terra atualmente, os menos afetados pela civilização moderna, encontramos alguns dos exemplos mais bem conservados do

modo como podemos nos dirigir à presença em quem 95 por cento da humanidade acredita.

Oração é sentimento

Eu estava abalado com o que acabara de ouvir. O frio que subia do chão de pedra sob meus pés atravessara as duas camadas de roupa que eu vestira pela manhã. Cada dia no planalto tibetano é verão e inverno: verão no sol que incide direto nas elevadas altitudes; inverno quando o sol desaparece atrás dos picos salientes do Himalaia... ou atrás das altas paredes do templo, como as que me rodeavam. Era como se não houvesse nada entre a minha pele e as antigas pedras embaixo de mim, e no entanto eu não conseguia sair do lugar. Essa era a razão por que eu havia convidado outras vinte pessoas para me acompanhar numa jornada que nos levaria a percorrer metade do mundo. Nesse dia, nós nos encontrávamos num dos mais remotos, isolados, magníficos e sagrados lugares de conhecimento que restam na Terra atualmente: os mosteiros do planalto tibetano.

Durante catorze dias havíamos aclimatado o corpo para altitudes de mais de 5.000 metros acima do nível do mar. Havíamos cruzado um rio gelado em barcaças de madeira feitas à mão e viajado durante horas, espreitando uns aos outros através das máscaras cirúrgicas que filtravam a poeira que penetrava pelo assoalho do nosso ônibus chinês antigo. Embora o veículo parecesse tão velho quanto os próprios templos, o nosso intérprete nos assegurava de que não era! Segurando-nos nos assentos à nossa volta e mesmo uns nos outros, havíamos nos agarrado e apoiado mutuamente ao atravessar pontes danificadas pelas águas e desertos sem estradas, sendo quase jogados para fora, apenas para estar nesse exato lugar nesse exato momento. Eu pensava, *Hoje não importa sentir tanto calor. Hoje é um dia de respostas.*

segredos de um modo antigo de rezar

Concentrei a minha atenção diretamente nos olhos do homem bem-apessoado e de aparência intemporal sentado na posição de lótus à minha frente: o abade do mosteiro. Por intermédio do nosso tradutor, eu lhe fizera a mesma pergunta que havia apresentado a cada monge e monja que tínhamos encontrado durante a nossa peregrinação: "Quando vemos as suas orações, o que vocês estão *fazendo* realmente? Quando os vemos cantar e entoar durante 14, 16 horas por dia, quando vemos os sinos, os orins, os gongos, os carrilhões, os mudras e os mantras externamente, *o que está acontecendo com vocês internamente?*"

Enquanto o tradutor interpretava a resposta do abade, uma sensação muito forte tomou conta do meu corpo, e eu soube que essa era a razão de termos vindo a esse lugar. "Vocês nunca viram as nossas orações", ele respondeu, "porque uma oração não pode ser vista". Ajeitando o pesado manto de lã sob os pés, o abade continuou: "O que vocês viram é o que fazemos para criar o sentimento em nosso corpo. *O sentimento é a oração!*"

A clareza da resposta do abade me desconcertou. Suas palavras ecoavam as ideias registradas nas antigas tradições gnósticas e cristãs havia mais de 2.000 anos. Nas primeiras traduções do Evangelho de João (capítulo 16, versículo 24, por exemplo), recebemos o convite para intensificar as nossas orações *sendo* rodeados por [sentindo] nossos desejos atendidos, exatamente como sugeriu o abade: "Peçam sem motivos ocultos e *sejam rodeados por sua resposta*". Para que as nossas orações sejam atendidas, precisamos transcender a dúvida que quase sempre acompanha a natureza positiva do nosso desejo. Seguindo um breve ensinamento sobre o poder de superar essas polaridades, as palavras de Jesus conservadas na Biblioteca de Nag Hammadi nos lembram de que se fazemos isso e dizemos à montanha, "'Sai daqui', ela sairá".[2]

THE
NEW TESTAMENT

OF OUR

LORD AND SAVIOUR JESUS CHRIST

TRANSLATED OUT OF

THE O

THE FORMER TRA

A M

[Pearl 32m

segredos de um modo antigo de rezar

Se a sabedoria ficou preservada durante tanto tempo, ela com certeza deve ser útil para nós também atualmente! Com uma linguagem quase idêntica, tanto o abade como os pergaminhos descreveram uma forma de oração que foi em grande parte esquecida no Ocidente.

Lições sagradas do passado

A oração talvez seja uma das experiências humanas mais antigas e misteriosas. É também uma das mais pessoais. Mesmo antes que a palavra *oração* surgisse nas práticas espirituais, os registros mais antigos das tradições cristã e gnóstica usavam palavras como *comunhão* para descrever a nossa capacidade de falar com forças invisíveis do universo. A oração é exclusiva de cada pessoa que a vivencia. Alguns estimam que haja tantas formas de oração quantas são as pessoas que rezam!

Atualmente, estudiosos da oração identificaram quatro categorias gerais que, segundo eles, abrangem todas as diferentes formas de oração. Sem seguir uma ordem determinada, são elas: (1) oração coloquial ou informal; (2) oração petitória ou rogatória; (3) oração ritualística; (4) oração meditativa.[3] Os pesquisadores nos sugerem usar uma dessas quatro formas para rezar — ou uma combinação delas.

Por melhores que sejam essas descrições e por mais eficaz que seja cada uma dessas orações, sempre existiu outro modo de orar não incluído nessa lista. A quinta modalidade de oração, a "forma perdida", é uma oração baseada unicamente no *sentimento*. Em vez da sensação de impotência que muitas vezes nos leva a pedir ajuda a um poder superior, a oração baseada no sentimento reconhece a capacidade que temos de nos comunicar com a força inteligente em que 95 por cento das pessoas acreditam e de participar do resultado.

Sem palavras, sem mãos postas numa determinada posição, sem nenhuma expressão física exterior, essa forma de oração simplesmente nos convida a *sentir* a sensação clara e poderosa de já termos a nossa prece atendida. Por meio dessa "linguagem" intangível, participamos da cura do nosso corpo, da abundância que se derrama sobre os nossos amigos e familiares e da paz entre as nações.

Às vezes vemos referências a esse modo de orar, talvez sem ter consciência do que elas representam. No sudoeste americano, por exemplo, foram erigidas no deserto antigas estruturas que seus construtores consideravam "capelas": lugares sagrados onde a sabedoria podia ser transmitida e orações oferecidas. Essas construções de pedra perfeitamente circulares, algumas hoje soterradas, eram conhecidas como *kivas*. Esboços, gravuras e pinturas nas paredes de algumas delas fornecem pistas de como a forma perdida de oração era usada nas tradições nativas.

No interior de kivas restauradas na região de Four-Corners, há remanescentes do revestimento de barro que cobria essas estruturas no passado remoto. Superficialmente esboçadas no estuque de terra, podemos ainda ver imagens diluídas de nuvens de chuva e raios sobre abundantes campos de milho. Em outros lugares, as paredes revelam traçados que sugerem a vida selvagem representada pelo alce e pelo cervo, abundantes nos vales. Desse modo, os artistas antigos registraram o segredo da forma perdida de oração.

Nos lugares onde as orações eram oferecidas, os que rezavam cercavam-se de imagens das coisas que escolhiam para sua vida! De maneira semelhante às cenas de milagres e de ressurreição que vemos numa igreja ou templo hoje, as imagens inspiravam os que rezavam com o *sentimento* de que suas orações haviam sido atendidas. Para eles, a oração era uma experiência do corpo todo, envolvendo todos os sentidos.

Rezar a "chuva"

Qualquer dúvida que eu poderia ter a respeito da eficácia desse princípio desapareceu num belo dia, no início dos anos 1990. Durante um período de seca extrema nos altos desertos do norte do Novo México, meu amigo David (nome fictício) me convidou para ir até um antigo círculo de pedras para "rezar a chuva". Nós nos encontramos no local combinado, e daí em diante eu o segui numa longa caminhada matinal através de um vale com mais de 100.000 acres de arbustos de sálvia. Depois de algumas horas, chegamos a um local que David conhecia muito bem e onde já estivera muitas vezes. Era um círculo formado de pedras dispostas em geometrias perfeitas de linhas e setas, exatamente como as mãos do seu construtor as haviam colocado num passado distante.

"Que lugar é este?", perguntei.

"Este é o motivo por que viemos", disse David sorrindo. "Este círculo de pedras é uma roda de cura que está aqui desde tempos imemoriais." E continuou, "A roda em si não tem poder. Ela serve como ponto de concentração para quem faz a oração. Pense nela como um mapa rodoviário — um mapa entre os seres humanos e as forças deste mundo". Antecipando as minhas próximas perguntas, David descreveu como aprendera a linguagem desse mapa desde a infância. "Hoje", disse, "percorrerei um antigo caminho que leva a outros mundos. A partir desses mundos realizarei o que viemos fazer aqui. Hoje, rezamos a chuva".

Eu não estava preparado para o que vi em seguida. Observei atentamente David tirar os sapatos e pôr delicadamente os pés descalços no círculo, reverenciando as quatro direções e todos os seus ancestrais. Lentamente, juntou as mãos diante do rosto em posição de oração, fechou os olhos e permaneceu imóvel. Indiferente ao calor do sol a pino do deserto, aos poucos a sua respiração foi ficando

segredos de um modo antigo de rezar

lenta e tornou-se quase imperceptível. Depois de alguns minutos, ele respirou profundamente, abriu os olhos, olhou para mim e disse, "Vamos embora. A nossa tarefa aqui está terminada".

Esperando ver alguma dança ou pelo menos algum canto, fiquei surpreso com a rapidez com que a oração começara e terminara. "Já?", perguntei. "Pensei que você fosse rezar *pedindo* chuva!"

A resposta de David à minha pergunta é a chave que ajudou muitas pessoas a compreender esse tipo de oração. Sentando-se para calçar os sapatos, David olhou para cima e sorriu. "Não", respondeu. "Eu disse que iria *rezar* a chuva. Se eu rezasse *pedindo* chuva, nada aconteceria." Mais tarde naquele dia, David explicou o que queria dizer com essas palavras.

Ele começou descrevendo como os anciãos da sua aldeia lhe ensinaram os segredos da oração quando ele ainda era muito jovem. A chave, disse, é que, quando pedimos que alguma coisa *aconteça*, damos poder ao que não temos. Orações *para* curar fortalecem a doença. Orações *para* chover intensificam a seca. "Continuar a pedir *por* essas coisas apenas dá mais poder àquilo que gostaríamos de mudar", afirmou.

Penso seguidamente nas palavras de David e no que poderiam significar em nossa vida hoje. Se rezamos *pela* paz no mundo, por exemplo, ao mesmo tempo em que sentimos verdadeiro ódio dos responsáveis pelas guerras, ou mesmo da própria guerra, podemos inadvertidamente estar fomentando as próprias condições que levam ao oposto da paz! Com metade das nações do mundo hoje envolvidas em conflitos armados, pergunto-me que papel milhões de orações bem intencionadas *pela* paz a cada dia podem estar desempenhando e como uma pequena mudança de perspectiva poderia mudar esse papel.

Olhando para David, perguntei, "Se você não rezou *pedindo* chuva, o que então você fez?"

"É simples", ele replicou. "Comecei a *sentir* como é a chuva. Senti a sensação da chuva sobre o meu corpo e a sensação de ficar com os pés descalços na lama da nossa aldeia depois de muita chuva. Senti o cheiro da chuva nas paredes de barro das nossas casas e senti como é caminhar nos campos de milho crescido por causa das chuvas abundantes".

A explicação de David era perfeita. Ele envolvia todos os seus sentidos — os poderes ocultos do pensamento, do sentimento e da emoção que nos diferenciam de todas as outras formas de vida — além dos sentidos do olfato, da visão, do paladar e do tato que nos comunicam com o mundo. Ao fazer isso, ele usava a linguagem poderosa e antiga que "fala" com a natureza. Foi a continuação da sua explicação que impressionou a minha mente científica, assim como meu coração, e ressoou verdadeiramente em mim.

Ele descreveu como sentimentos de gratidão e reconhecimento foram o complemento das orações, como o "amém" dos cristãos. Em vez de agradecer pelo que havia criado, porém, David disse que se sentia agradecido pela oportunidade de participar da criação. "Com os nossos agradecimentos, nós respeitamos todas as possibilidades, ao mesmo tempo em que trazemos para este mundo as que escolhemos."

As pesquisas mostram que é exatamente essa qualidade de gratidão e reconhecimento que libera a química vivificante de hormônios poderosos em nosso corpo e fortalece o nosso sistema imunológico. São essas mudanças químicas *dentro* de nós que os efeitos quânticos levam para *além* do nosso corpo através do conduto da substância misteriosa que parece unir toda a criação. Na simplicidade de um conhecimento desenvolvido num passado distante, David acabara de transmitir essa sofisticada tecnologia interior como a sabedoria da nossa forma perdida de oração.

segredos de um modo antigo de rezar

Caso você ainda não tenha tentado, eu o convido a praticar neste momento essa forma de oração. Pense em alguma coisa que você gostaria de ter em sua vida — qualquer coisa. Pode ser a cura de uma doença física para você ou para outra pessoa, abundância para a sua família ou encontrar a pessoa perfeita para uma vida em comum. Seja o que for que você queira, em vez de pedir que o objeto da sua necessidade se realize, sinta como se ele já tivesse se realizado. Respire profundamente e sinta a plenitude da sua oração realizada em cada detalhe, de todos os modos.

Em seguida, agradeça o fato de sua vida ser como é com essa oração já atendida. Observe a sensação de bem-estar e libertação que advém do agradecimento, em vez da preocupação e ansiedade associadas ao pedido de ajuda! A diferença sutil entre bem-estar e ansiedade é o poder que separa o *pedir* do *receber*.

Sonhando na mente de Deus

Um número crescente de descobertas confirma hoje uma forma de energia até agora não reconhecida e que pode explicar por que orações como a de David são eficazes. Esse campo de energia sutil não funciona do mesmo modo que as variedades de energia que estamos acostumados a medir. Embora não sejam totalmente elétricas ou magnéticas, essas forças conhecidas fazem parte de um campo unificado que parece abranger toda a criação. Como a consciência desse campo é muito nova, os cientistas ainda não chegaram a um consenso sobre seu nome. Ela é identificada em trabalhos científicos e em livros como Holograma Quântico, Mente da Natureza, Mente de Deus e, com muita frequência, simplesmente "Campo". Seja qual for o nome que lhe demos, essa energia parece ser a tela viva sobre a qual se inscrevem os acontecimentos da nossa vida!

Para ajudar a visualizar esse campo, ou o que ele pode parecer, os cientistas às vezes o descrevem como uma teia tecida espessamente que constitui a textura subjacente da criação — literalmente, a manta da Mente de Deus. Dentre as muitas maneiras como pode ser definido, eu penso que é mais útil imaginar o Campo como a "substância" que vive no nada. Sempre que olhamos para o espaço que existe entre nós e outra pessoa — ou qualquer outra coisa, nesse aspecto — e acreditamos que esse espaço é vazio, o Campo está ali. Quer pensemos sobre o espaço entre o núcleo e a primeira órbita de um elétron nos antigos modelos de um átomo, ou sobre as imensas distâncias entre estrelas e galáxias que nos parecem vazios, as dimensões do espaço não fazem diferença. No nada, o Campo está lá.

O reconhecimento moderno da existência do Campo nos oferece uma linguagem, e um contexto, para dar sentido à sabedoria espiritual em conversas científicas. Por exemplo, acredita-se que o Campo é o lugar a que os antigos se referiam como "céu". É o lugar para onde a alma vai quando morremos, com o qual sonhamos quando dormimos, e a morada da consciência.

A existência de um campo de energia que une toda a criação altera o modo como a ciência vem pensando sobre o nosso mundo há mais de 100 anos. Pelos resultados do famoso experimento de Michelson e Morley[4] realizado em 1887, os cientistas concluíram que as coisas que acontecem no nosso mundo não estão relacionadas — o que alguém faz numa parte do mundo não afeta outra pessoa em outra parte do planeta. Agora sabemos que isso simplesmente não é verdade! Graças à manta de energia que banha o nosso mundo, estamos todos ligados de modos que mal começamos a compreender.

O espelho que não mente

Além de interligar todas as coisas, as antigas tradições sugerem que o Campo nos dá um reflexo, um *espelho externo* das nossas *experiências internas*. Como uma substância viva, pulsante, bruxuleante, o Campo atua como uma espécie de mecanismo de *feedback*. Por meio dele, a criação reflete nossos sentimentos e pensamentos mais íntimos na forma de relacionamentos, profissões e saúde. No espelho podemos ver as nossas crenças verdadeiras — *não apenas o que gostamos de pensar que acreditamos!*

Para ajudar a visualizar como esse espelho funciona, às vezes reporto-me à água "viva" que aparece no filme de ficção científica *O Abismo*. Localizada nas profundezas escuras e inexploradas do leito do mar, uma forma de vida misteriosa aparece à tripulação isolada de um navio de pesquisas submarinas. (Serei breve para não estragar a história se você ainda não viu o filme.) A energia não física da presença praticamente alienígena precisa expressar-se por meio de algo físico, e por isso utiliza o meio mais abundante disponível no fundo do oceano: a água. Como um tubo de água do mar inteligente e aparentemente interminável, ela entra no navio avariado e serpenteia por corredores e portas até encontrar a tripulação escondida num dos compartimentos.

É aqui que entra o espelho. Quando a forma de vida aquosa se ergue do chão e uma das extremidades do tubo olha diretamente para o rosto da tripulação no nível dos olhos, uma coisa extraordinária começa a acontecer. Cada vez que um dos tripulantes dirige o olhar para a extremidade do tubo, este reflete o rosto da pessoa exatamente como ela está no momento. Quando o rosto humano sorri, o tubo de água sorri. Quando o rosto ri, o riso se reflete na água. O tubo não julga o que vê e não tenta melhorá-lo ou modificá-lo de

segredos de um modo antigo de rezar

maneira nenhuma. Ele apenas reflete para a pessoa que está na sua frente o que ela é no momento.

O Campo da Mente de Deus parece trabalhar exatamente do mesmo modo, e isso inclui o reflexo do que somos internamente e também o modo como nos apresentamos externamente.

"O sentimento é a oração" disse o abade tibetano, em sintonia com os ensinamentos dos grandes mestres dos nativos norte-americanos e com as tradições cristãs e judaicas. Pensei comigo mesmo, *Quanta força! Quanta beleza! Quanta simplicidade!* O sentimento é a linguagem que a Mente de Deus reconhece. O sentimento é a linguagem que David usou para convidar a chuva para o deserto. Como ele acontece de modo tão direto e literal, é fácil ver por que acreditamos até agora que esse princípio seria mais complicado do que é realmente. Também é fácil perceber como poderíamos tê-lo perdido totalmente.

A consciência cria!

O Campo simplesmente reflete a qualidade dos nossos sentimentos como as experiências da nossa vida. Nas palavras de outras épocas, textos de 2.500 anos descrevem essa sabedoria com precisão e também indicam que ela pode ser ainda mais antiga do que as páginas em que está preservada. *O Evangelho Essênio da Paz,* por exemplo, diz: "Meus filhos, não sabeis que a Terra e tudo o que nela habita não é senão um *reflexo* do reino do Pai celestial? [Grifo nosso]"[5] Exatamente como ondulações que se irradiam do ponto onde jogamos uma pedra num pequeno lago, nossos pensamentos, sentimentos, emoções e crenças, às vezes inconscientes, criam as "perturbações" no Campo que se tornam as matrizes da nossa vida.

É fácil depreciar o poder desse princípio por causa das poucas palavras necessárias para explicá-lo. Sem o peso do jargão técnico ou da linguagem científica ambígua, os antigos transmitiram uma compreensão simples de como os acontecimentos da vida cotidiana estão diretamente ligados à qualidade dos nossos sentimentos. Com a clareza dessa profunda sabedoria, a responsabilidade por nossa saúde, e pela paz, vai além da esfera dos eventos "casuais" e "fatalistas" e posta ao alcance da nossa mão.

Embora a ideia de um campo de inteligência sempre presente não seja nova, físicos modernos elevaram hoje esse conceito a um patamar superior de consideração e de aceitação no mundo científico. Talvez o renomado físico da Princeton University, Dr. John Wheeler, contemporâneo de Albert Einstein, seja quem melhor descreveu a física revolucionária de uma energia que interconecta toda a criação. Lembro ter lido uma entrevista com o Dr. Wheeler em 2002, depois que ele se recuperou de uma doença grave. Quando lhe perguntaram que direção seu trabalho tomaria daí em diante, ele respondeu que via a doença e a recuperação como uma oportunidade. Ela era o catalisador que o convidava a concentrar a atenção numa única questão que o desconcertava havia muito tempo.

"Que questão é essa?", perguntou o entrevistador. Wheeler respondeu que planejava dedicar sua vida a compreender a relação entre a consciência e o universo. No mundo da física tradicional, essa afirmação, em si e por si mesma, é suficiente para abalar os fundamentos da teoria aceita e fazer os pais dos manuais modernos se revirarem em seus túmulos! Historicamente, os conceitos sobre consciência e o tecido do universo não são usados na mesma frase.

Mas Wheeler não parou por aí. Nos anos seguintes, aprofundando as suas teorias, ele sugeriu que a consciência é mais do que um subproduto do universo. Ele propõe que vivamos num universo "participativo". "Fazemos parte de um universo que é um trabalho em andamento", ele diz. "Somos fragmentos do universo olhando para si mesmo, *e construindo a si mesmo*." As implicações das afir-

segredos de um modo antigo de rezar

mações de Wheeler são enormes. Na linguagem científica do século XX, ele está reiterando o que as antigas tradições afirmavam havia milênios: É a consciência que cria!

Quando perscrutamos o vazio do universo em busca dos seus limites, ou o mundo quântico do átomo, o próprio ato de olharmos coloca ali algo para vermos. A antecipação da consciência esperando ver alguma coisa — o *sentimento* de que algo está lá para se ver — é o ato que cria.

Situando-se além da afirmação de John Wheeler, um dos mais respeitados cientistas do século XX, e agora do século XXI, os textos antigos ampliam com um detalhe importante — e às vezes subestimado — a ideia de que criamos por meio da observação. Eles sugerem que é a qualidade das nossas crenças *enquanto olhamos* que determina o que a nossa consciência cria. Em outras palavras, se vemos o nosso corpo e o mundo através de uma lente de separação, raiva, sofrimento e ódio, o espelho quântico reflete essas qualidades devolvendo-as como raiva em nossa família, doença em nosso corpo e guerra entre nações. Se sentimento é oração, como David e o abade sugeriram, então quando rezamos *para que* algo aconteça, sentindo como se esse algo estivesse faltando em nossa vida, podemos na verdade estar negando a nós mesmos as próprias bênçãos que esperávamos criar.

Por outro lado, vendo-nos de uma perspectiva de unidade, apreço, sabedoria e amor, essas são as qualidades que podemos esperar ver refletidas como famílias e comunidades amorosas e protetoras e como paz e cooperação entre nações. Imagine as possibilidades...

Aplicando o que sabemos

Esse princípio de um universo neutro e participativo pode começar a responder à pergunta que muitas pessoas fazem: "Se a oração

segredos de um modo antigo de rezar

é tão poderosa, por que parece que quanto mais rezamos pela paz, por exemplo, mais temos a impressão de que as coisas pioram?" Sem parcialidade ou julgamento, seria possível que o que vemos como um mundo turbulento de caos seja simplesmente o Campo refletindo a nossa crença na falta de paz — o nosso "Por favor, *que haja* paz" — reverberando como caos? Se esse for o caso, então a boa notícia é que a compreensão que acabamos de ter sobre o funcionamento do espelho nos estimula a mudar o que dizemos ao Campo.

É por isso que a forma perdida de oração pode dar uma enorme contribuição para a nossa vida. Quer falemos sobre um relacionamento duradouro, um emprego perfeito ou a cura de uma doença, o princípio é o mesmo. Somos simplesmente lembrados de que a "substância" que subjaz a toda a criação é uma essência maleável que reflete o que sentimos. Assim, aquilo que escolhemos criar, precisamos antes sentir como realidade. Se podemos senti-lo em nosso coração — não apenas pensar sobre ele, mas *senti-lo realmente* —, então ele é possível em nossa vida!

No caso da paz, por exemplo, sabemos que ela sempre existe e está presente em algum lugar. O mesmo se aplica à saúde e à felicidade; elas sempre existem em algum lugar, ou existiram de alguma forma em nossa vida. A chave é intensificar essas qualidades positivas da nossa experiência, vendo o mundo como ele já é, com apreço e gratidão. Fazendo isso, abrimos a porta para uma possibilidade maior. Já vimos o que acontece quando milhões de pessoas rezam *para que* a paz faça parte do nosso mundo. O que aconteceria se milhões de pessoas sentissem gratidão e apreço pela paz que já está entre nós? Certamente vale a pena tentar!

Embora para algumas pessoas este seja um modo insólito de pensar sobre sua relação com o mundo, para outras ele está em perfeita sintonia com suas crenças e experiências passadas. Estudos científicos dão sustentação a esses princípios e descobriram que, quando a tensão é aliviada dentro de um grupo de pessoas por meio da meditação e da oração, os efeitos são sentidos além dos limites do grupo imediato.

Em 1972, nos Estados Unidos, 24 cidades com populações acima de 10.000 habitantes tiveram mudanças importantes nas suas comunidades, envolvendo apenas 1% (100 indivíduos) de participantes. Esses e outros estudos semelhantes levaram a um marco divisório, o Projeto de Paz Internacional no Oriente Médio, publicado no *Journal of Conflict Resolution,* em 1988.[6] Durante a guerra líbano-israelense no início dos anos 1980, pesquisadores treinaram um grupo de pessoas para "sentir" a paz em seus corpos em vez de apenas pensar sobre a paz com a mente ou rezar para que houvesse paz.

Em determinados dias do mês, em momentos específicos de cada dia, essas pessoas eram colocadas em áreas de conflito no Oriente Médio. Durante a janela de tempo em que elas sentiam a paz, as atividades terroristas eram interrompidas, os crimes contra as pessoas diminuíam, as entradas nas emergências rareavam e os acidentes de trânsito caíam significativamente. Quando as pessoas paravam de expressar esses sentimentos, as estatísticas se invertiam. Esses estudos confirmaram os resultados iniciais: quando uma pequena porcentagem da população tinha paz dentro de si mesma, essa paz se refletia no mundo ao seu redor.

As descobertas levaram em consideração os dias da semana, os feriados e os próprios ciclos lunares, e os dados eram tão consistentes que os pesquisadores conseguiram inclusive identificar o número de pessoas necessário para participar da experiência de paz antes que ela se reflita no seu mundo. Esse número é a raiz quadrada de 1% da população. Essa fórmula produz números menores do que poderíamos esperar. Por exemplo, numa cidade de um milhão de pessoas, a cifra fica em torno de 100. Num mundo de 6 bilhões de pessoas, o número é de aproximadamente 8.000, apenas! Esse número repre-

segredos de um modo antigo de rezar

senta o mínimo necessário para iniciar o processo. Quanto maior o número de pessoas, tanto mais rápido o efeito se produz.

Embora esses e outros estudos semelhantes obviamente mereçam aprofundamento, eles demonstram que temos aqui um efeito que supera o acaso. A qualidade das nossas crenças mais íntimas influencia claramente a qualidade do nosso mundo exterior. Dessa perspectiva, tudo, desde a cura do nosso corpo até a paz entre nações, do nosso sucesso nos negócios, nos relacionamentos e na profissão ao fracasso no casamento e à desagregação das famílias, deve ser considerado como reflexos de nós mesmos e do significado que damos às experiências da nossa vida.

Além de responder a nossa pergunta anterior sobre "o que está acontecendo no mundo", a existência do Campo Unificado nos convida a dar um passo adiante. Aliada ao conhecimento de uma oração baseada no sentimento, essa sabedoria moderna/antiga nos mostra o que podemos fazer para melhorar as coisas. Se o mundo e o nosso corpo refletem os nossos pensamentos, sentimentos, emoções e crenças, com o número recorde de lares desfeitos, relacionamentos fracassados, empregos perdidos e ameaças de guerra no presente, o sentimento que nutrimos sobre o nosso mundo assume uma importância maior do que nunca antes.

Sem dúvida, para que o espelho do nosso mundo reflita uma mudança positiva, favorável à vida e duradoura, precisamos oferecer-lhe algo com que ele possa trabalhar. Essa é a relação sutil, e todavia poderosa, entre a linguagem da oração e a Mente de Deus que une toda a criação. Em vez de tentar fazer com que o mundo se curve aos nossos desejos, a oração centrada no sentimento muda a *nós mesmos*. Nós é que nos curvamos, e o mundo espontaneamente reflete os aspectos em que melhoramos.

Possivelmente, quem melhor sintetizou essa percepção foi o filósofo dinamarquês do século XIX, Sören Kierkegaard, que afirmou:

"A oração não muda Deus, mas muda aquele que reza". Assim, como mudamos o nosso modo de sentir as tribulações da vida? É aqui que o trabalho realmente começa!

O mundo como espelho

Sem prevenções ou julgamentos, é o espelho espiritual da Mente de Deus que reflete de volta o que nos tornamos em nossos pensamentos, sentimentos, emoções e crenças. Em outras palavras, as nossas experiências interiores de sofrimento e medo, bem como as de amor e compaixão, tornam-se o tema para o tipo de relacionamento que encontramos em nosso trabalho e em nossas amizades, assim como em nossas expressões de abundância e mesmo de saúde. A chave nesse modo de olhar o mundo é que aquilo que "fazemos" como expressão externa da vida conta menos do que aquilo que nos "tornamos" — como nos *sentimos* com relação ao que fazemos.

Para entender melhor, vejamos um exemplo. Vamos dizer que você esteja participando de um seminário de caráter religioso que descreve os princípios internos do sentimento, da emoção e da oração, e o papel que essas experiências interiores de paz desempenham no nosso mundo. Devido a circunstâncias imprevistas, o seminário ultrapassou em 30 minutos ou mais a hora estipulada para terminar. Se você corre da sala para o carro antes que se acendam as luzes e até que se abram as portas, sai do estacionamento manobrando alucinadamente a ponto de bater em três outros veículos, e em seguida acelera pela avenida pondo em risco a sua vida e a vida de outras pessoas, costurando pelas três pistas para chegar à saída porque está atrasado para uma manifestação pela paz, então você não compreendeu absolutamente nada!

Talvez o conhecimento desse espelho sutil, e no entanto poderoso, possa ajudar-nos a dar sentido ao que parece estarmos vivendo

no mundo atualmente. Dessa perspectiva, o que vemos no cinema, nos noticiários e nas situações ao nosso redor é um reflexo das crenças que nutrimos em nossa família, em nosso lar e em nossas comunidades *no passado*.

Do mesmo modo, os exemplos de amor, compaixão e dedicação que vemos diante da guerra ou de desastres naturais também representam algo mais do que apenas atos de umas poucas pessoas que realizam esforços humanitários nessas áreas. Elas refletem o melhor do que é possível quando encontramos uma maneira de ver além do sofrimento que a vida nos mostra. O poder de reconhecer o mundo como um reflexo das nossas crenças é que se essa relação existe verdadeiramente, ela deve operar tanto para as crenças de cura como para as destrutivas. Desse modo, fazemos todos parte da mudança que gostaríamos de ver em nosso mundo. A chave está em reconhecer a linguagem da mudança!

Capítulo Dois

O SEGUNDO SEGREDO:
O SOFRIMENTO É O PROFESSOR, A SABEDORIA É A LIÇÃO

Se fizerdes nascer o que está dentro de vós, ele vos salvará. Se não o fizerdes, ele vos destruirá.
— Evangelho de Tomé

No início, as imagens na tela da TV faziam pouco sentido para mim. Embora a paisagem fosse familiar, nas semanas anteriores cenas chocantes como a dessa transmissão haviam se tornado muito comuns: o caos reinava, com pessoas de todas as idades correndo para todos os lados, sujas, queimadas, aterrorizadas. Eu acabara de voltar ao quarto do hotel depois de um dia cheio de aulas em Sydney, Austrália, quando sintonizei o canal de notícias para atualizar-me com os acontecimentos do dia. Aproximei-me da tela e comecei a entender o que estava vendo.

segredos de um modo antigo de rezar

As emissoras locais transmitiam fatos ocorridos na Escola Número 1 em Beslan, Rússia, num vídeo não editado. Poucos dias antes, no primeiro dia letivo do ano, terroristas haviam tomado centenas de crianças e adultos como reféns. Embora o impasse tivesse se prolongado por dias, evidentemente alguma coisa mudara. Quando a situação se normalizou, os números finais da tragédia eram assustadores. Dos aproximadamente 1.200 reféns reunidos na quadra de esportes da escola, cerca de 350 foram mortos. A metade era de crianças, assassinadas sem nenhuma razão aparente a não ser a irracionalidade de um grupo de pessoas enfurecidas.

Os detalhes humanos revelados a respeito de algumas famílias expunham o cenário do dia. Em quase todas as ruas da cidade, pessoas haviam perdido alguém ou conheciam os parentes de alguém que fora assassinado. Muitos enterravam mais de um membro da família. Um dos moradores, Vitally Kaloev, enterrou a família inteira: mulher, filho e filha. O Pastor Teymuraz Totiev e sua mulher enterraram quatro dos cinco filhos: Boris, de 8 anos; Albina, 11; Luba, 12 e Larissa, 14. A quinta filha, Madina, fora ferida e se recuperava em casa. Num trágico capricho do destino, o irmão do pastor Totiev, também pastor, e sua mulher perderam dois dos três filhos.

Semelhante ao impacto avassalador das vidas perdidas no 11 de setembro em Nova York, a magnitude dos acontecimentos em Beslan era excessiva para quem tentava entender. Mesmo pessoas cuja fé fora tradicionalmente uma pedra de toque para outros em tempos de grandes sofrimentos tiveram suas crenças testadas pela crueldade da tragédia.

Rowan Williams, arcebispo de Canterbury, admitiu que a visão de crianças inocentes sendo massacradas levou-o momentaneamente a duvidar da sua fé em Deus. "Onde estava Deus em Beslan?"[1] perguntou ele. Com essas palavras, o arcebispo Williams expressou publicamente o sofrimento que muitos sentiam particularmente.

O SEGUNDO SEGREDO

O choque, a descrença e o sofrimento dos moradores de Beslan foram transmitidos pela mídia e sentidos por milhares de pessoas ao redor do mundo. Naquele dia, milhões de corações, mentes e orações estavam com o povo russo, compartilhando a experiência universal do sofrimento.

Quer os acontecimentos se deem numa escala global, como em Beslan na Rússia ou no 11 de setembro nos Estados Unidos, quer ocorram em nossa vida pessoal, o modo como lidamos com a perda e a tragédia é uma questão que cada um de nós deve responder no decorrer da vida. Embora a experiência do sofrimento seja universal, o que fazemos com o sofrimento não é.

Se não solucionamos o sofrimento provocado pelas decepções e pelas perdas da vida, podemos arruinar a nossa saúde, a nossa vida e os próprios relacionamentos que mais prezamos. Por outro lado, se conseguimos encontrar sabedoria em nossa dor, podemos dar um novo sentido às experiências mais dolorosas. Assim agindo, nós nos tornamos melhores como pessoas — para nós mesmos, para a nossa família e para a nossa comunidade. Esse é o modo de construirmos um mundo melhor.

Quanto podemos suportar?

O conhecimento do poder que nos espera além do sofrimento foi reconhecido e respeitado durante séculos. Ele foi descrito há aproximadamente 2.000 anos na Biblioteca de Nag Hammadi do século II, por meio de palavras que fazem sentido atualmente como fizeram no tempo em que foram escritas. Entre os antigos textos gnósticos existem passagens que sugerem que a nossa vulnerabilidade ao sofrimento é a passagem para a cura e a vida. No Evangelho de Tomé, um dos mais inspiradores dos textos redescobertos, o autor descreve o

segredos de um modo antigo de rezar

poder da nossa vulnerabilidade como parte de um discurso de Jesus: "Abençoado é o homem que sofreu e encontrou a vida".

Em outra parte do seu ensinamento, Jesus diz: "Aquilo que possuís vos salvará se o extrairdes de dentro de vós".[2] Em última análise, o amor que existe dentro de cada um de nós é a fonte de toda cura que experimentamos. Para sentir o nosso amor, porém, precisamos ser vulneráveis ao nosso sofrimento. O sofrimento é um dos modos que nos possibilitam conhecer a profundidade do que sentimos. A nossa capacidade de sentir o sofrimento dentro de nós e de ter empatia com o sofrimento dos outros mostra-nos a profundidade do nosso amor. Em palavras simples, o sofrimento é o preço que às vezes pagamos para descobrir que já temos o amor de que precisamos para nos curar. Às vezes, apenas conhecer a relação entre sabedoria, sofrimento e amor é suficiente para lançar-nos no outro extremo e na cura.

À medida que as histórias de Beslan se desdobravam no decorrer das horas e dos dias, uma única pergunta surgia entre a população russa. Depois da ação terrorista que tomara o edifício do ministério do interior, matando 92 pessoas, das explosões quase simultâneas de duas aeronaves comerciais poucos minutos depois da decolagem, com a morte das 90 pessoas que estavam a bordo, e agora a morte de mais de 350 em Beslan, as pessoas desse país se perguntavam, "Quanto sofrimento podemos suportar?" Segundo antigas tradições, a resposta a essa pergunta é breve, clara e direta. Os grandes desafios da vida aparecem quando, *e somente quando,* temos tudo de que precisamos para sobreviver e recuperar-nos da experiência.

Mães de todo o mundo transmitiram de geração a geração essa percepção que superou o teste do tempo numa frase confortadora e clara: "Deus dá o frio conforme o cobertor". Na simplicidade dessa afirmação recebemos uma promessa que resistiu ao tempo e agora pode ser verificada pela ciência. *Já temos tudo de que precisamos para sobreviver às provações da vida.* Embora possamos encontrar consolo e compreensão em livros de autoajuda, em artigos de revistas e em seminários, os recursos espirituais que precisamos já existem dentro de nós.

A resposta à pergunta "Quanto sofrimento podemos suportar?" pode decepcionar pela simplicidade. A razão *por que* ela expressa uma verdade requer um pouco mais de explicação. Como acontece frequentemente com os padrões, a natureza oferece um modelo do modo como as nossas emoções e experiências operam na nossa vida.

Equilíbrio: Nem tudo é o que parece ser

Na primeira metade do século XX, o naturalista R. N. Elliott sugeriu que a natureza segue padrões que podem ser detectados, classificados e previstos com números. Do surgimento e declínio de populações até os ciclos do tempo, suas teorias sugeriam que a natureza tende ao equilíbrio. Considerando a humanidade como parte da natureza, Elliott argumentava que a nossa vida, incluindo a forma como aplicamos dinheiro na bolsa de valores, também deveria seguir padrões naturais — padrões que podem ser delineados e classificados visualmente. Elliott aplicou suas teorias com sucesso a ciclos de negócios e finanças, e suas conclusões se tornaram a base de um dos instrumentos de previsão mais bem-sucedidos da bolsa de valores na história, mais tarde conhecido como Teoria da Onda de Elliott.

Não deve ser surpresa, então, que os nossos hábitos de consumo — ou qualquer outro padrão em nossa vida, nesse aspecto — possam ser representados matematicamente. É crença amplamente difundida que os números são a linguagem universal que descreve todas as coisas, desde a origem das galáxias até os volteios do leite numa xícara de café. Seguindo esse raciocínio, faz sentido que os mesmos pro-

segredos de um modo antigo de rezar

cessos que descrevem o mundo visível da natureza possam também ser vistos como *metáforas* do mundo invisível dos sentimentos e das emoções! É esse exatamente o caso da matemática fractal.

Como uma inovação relativamente recente no modo de descrever o mundo, a geometria fractal combina matemática com arte para nos mostrar visualmente o que as equações, no passado, apenas sugeriam. De picos acidentados das montanhas a vasos sanguíneos, de costas litorâneas a partículas de linho, os fractais nos permitem modelar muitas coisas que vemos na natureza. Fazendo isso, somos transportados além do mundo às vezes seco e estéril dos números no papel para a beleza e o mistério de ver esses números como uma linguagem que ilustra o nosso mundo.

Uma das formas mais aceitas entre os modelos de fractais é conhecida como equação de Mandelbrot, ou conjunto de Mandelbrot. Descoberta pelo matemático Benoit Mandelbrot no final dos anos 1970, no momento em que essa equação "viva" é posta em movimento na tela do nosso computador, ela cresce e se transforma por breves instantes numa bela e volátil série de curvas, remoinhos e padrões rendilhados. Ela ilustra assim a dança incessante entre equilíbrio e caos na natureza. Quando observamos a mudança de padrões e cores nas imagens simuladas, o que vemos na verdade é uma representação extraordinária do modo como os nossos relacionamentos emocionais se apresentam em nossa vida.

Os padrões que aparecem e desaparecem representam os relacionamentos e as profissões e toda a alegria e tristeza que entram e saem da nossa vida. As imagens de computador nos mostram que o equilíbrio só é alcançado quando todos os padrões estão dispostos de maneira a dar-lhe sustentação. Do mesmo modo, só podemos passar pelas maiores provações, bem como aceitar as melhores dádivas, quando todas as peças estão no seu devido lugar. Como símbolos da incessante dança de opostos — dar e receber, contração e expan-

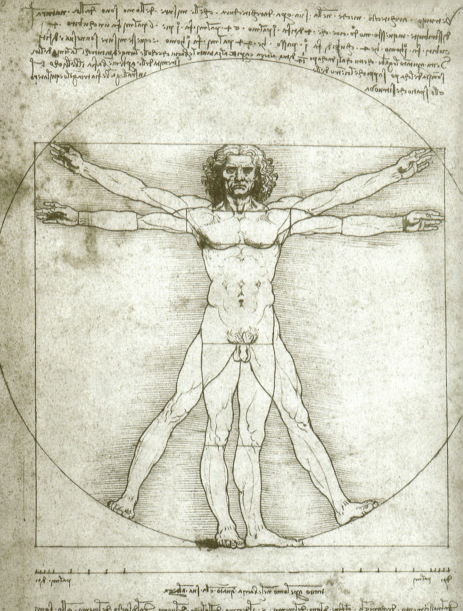

segredos de um modo antigo de rezar

são, dor e recuperação —, essas imagens fortes contam a história de como a natureza está sempre num movimento de aproximação ou de afastamento do equilíbrio perfeito. Assim, vemos em imagens o que vivemos na vida real.

Somente quando aprendemos tudo o que precisamos e temos todas as ferramentas para sobreviver e curar em nossa "caixa de ferramentas espiritual" é que podemos atrair os romances, as mudanças na profissão, os sócios e as amizades que nos possibilitam aplicar o que aprendemos. Só teremos a experiência depois de conseguir todas as ferramentas! Outra forma de dizer isso é que, se a vida nos mostra sofrimento, decepção, perda e traição, já devemos ter o que precisamos para passar pela experiência.

O aspecto fundamental é que o objetivo não é o equilíbrio; o que imaginamos como "equilíbrio" é na verdade o gatilho que desencadeia a mudança! Vemos isso nos fractais e também na nossa vida. *Somente* quando os padrões na tela do computador encontram o equilíbrio perfeito — quando os padrões são iguais — é que eles começam a se separar, apenas para evoluir para padrões mais novos de equilíbrio ainda maior. A nossa vida parece funcionar exatamente da mesma maneira.

Diferentemente do breve período de vida dos fractais, porém, parece não haver limite de tempo para acumularmos ferramentas espirituais em nossa vida. Embora as imagens digitais se desfaçam e se recomponham em questão de minutos, pode levar meses, anos, décadas ou mesmo uma vida inteira para que um determinado ciclo se complete dentro de nós. Ao longo do caminho podemos nos surpreender repetindo padrões, exercendo a mesma profissão, tendo a mesma espécie de amigos ou vivendo romances da mesma natureza até que a experiência do "Aha!" desperte dentro de nós a percepção da razão por que "fazemos" as coisas que "fazemos".

O SEGUNDO SEGREDO

Você já se perguntou, por exemplo, por que pode começar um novo trabalho numa nova cidade com novos colegas e, exceto pelos nomes diferentes, deparar-se exatamente com as mesmas situações que o levaram a abandonar o último emprego na última cidade? Padrões não são necessariamente "bons" ou "ruins" — não há julgamento implícito aqui. Se você se flagra desempenhando um antigo padrão conhecido num novo cenário, essa é simplesmente uma oportunidade para perceber o que ele pode estar dizendo sobre a sua vida. O reconhecimento de situações como essa lhe dá a oportunidade de se tornar uma pessoa melhor.

A ideia fundamental aqui é que você só pode ser "testado" na vida quando está preparado. Quer tenhamos ou não consciência desse princípio, seja o que for que a vida ponha no nosso caminho, quando nos deparamos com uma "crise" à nossa porta, já temos tudo de que precisamos para resolver o problema, aliviar o sofrimento e sobreviver à experiência. Devemos fazer isso, pois esse é o modo de proceder da natureza!

Das maiores alturas ao abismo mais profundo

Ninguém está imune aos ciclos de equilíbrio e mudança. Qualquer que seja o tamanho da nossa família, o número de amigos que temos, a quantidade de livros que escrevemos ou o sucesso que alcançamos, todos temos um "gatilho" que provoca mudanças em nossa vida. Curiosamente, o dispositivo que desencadeia o processo parece ser diferente para cada pessoa. Embora possamos acreditar que organizamos a nossa vida cuidadosamente como algo que podemos regular e controlar, cada experiência e cada relacionamento nos exercita e prepara o tempo todo para algo que pode estar além do nosso controle.

segredos de um modo antigo de rezar

Desse modo, aproximamo-nos cada vez mais do momento em que teremos a oportunidade de demonstrar o domínio sobre as nossas traições, as quebras de confiança e as questões mais delicadas. Entretanto, só depois de usar a última ferramenta espiritual de modo apropriado a criar o equilíbrio é que emitimos o sinal de que estamos preparados. É o nosso equilíbrio que diz, "Ei, estou pronto. Pode vir!" Agora estamos prontos para demonstrar ao universo o que aprendemos.

Até aprendermos com a experiência, consciente ou inconscientemente, as nossas provações podem ser tão sutis que nem mesmo as reconhecemos como provações! Só quando compreendemos o que as traições e as promessas quebradas do passado nos mostraram é que ganhamos a sabedoria e as capacidades que nos permitem corrigir os padrões e avançar na vida.

O pioneiro professor budista Lama Surya Das (*Awakening the Buddha Within, Letting Go of the Person You Used to Be*) descreve como podem ser intensos os momentos de sofrimento e tristeza na nossa vida. Ele diz: "Toda vida contém alegria e tristeza. Gostaríamos de ficar com a alegria e esquecer a tristeza, mas é uma habilidade espiritual muito maior usar tudo o que encontramos na vida como grão para o moinho do despertar". Às vezes o "grão" da vida chega até nós do modo mais inesperado!

Durante a explosão tecnológica no início dos anos 1990, Gerald (nome fictício) era engenheiro no Vale do Silício, Califórnia. Ele tinha duas jovens e lindas filhas, e estava casado com uma mulher igualmente bela havia aproximadamente 15 anos. Quando o conheci, sua empresa acabara de conceder-lhe um prêmio pelo quinto ano de exercício profissional na tarefa de identificar e reparar defeitos de um tipo especializado de *software*. Sua posição o tornara um bem valioso para a empresa, e a necessidade da sua especialidade exigia muito mais do que o habitual expediente diário de trabalho das 8 às 17 horas.

Para atender à demanda das suas habilidades, Gerald começou a trabalhar até tarde todas as noites e nos fins de semana, e a viajar com seu *software* para feiras e exposições comerciais em outras cidades. Logo ele estava passando mais tempo com os colegas do que com a família. Eu podia ver a angústia em seus olhos ao descrever como seus familiares estavam ficando distantes. À noite, ao chegar em casa, sua mulher e filhas já estavam dormindo, e de manhã ele já estava na empresa antes que elas acordassem. Em pouco tempo ele começou a se sentir como um estranho em seu próprio lar. Sabia mais a respeito das famílias dos que trabalhavam com ele do que a respeito da sua própria.

Foi quando a vida de Gerald sofreu uma reviravolta dramática. Ele me procurou para uma sessão de aconselhamento quando eu estava escrevendo um livro sobre os "espelhos" dos relacionamentos e sua atuação em nossa vida. Mais de 2.200 anos atrás, os autores dos Manuscritos do Mar Morto identificaram sete padrões específicos que podemos esperar em nossas interações com outras pessoas. À medida que a história de Gerald se desenvolvia, ficava evidente que ele estava descrevendo um desses padrões, que é o reflexo da vida do nosso maior medo, em geral conhecido como "A Noite Escura da Alma".

Entre os engenheiros da empresa havia uma programadora brilhante, mais ou menos da idade dele. Ele fora designado como parceiro dessa mulher para executar tarefas que às vezes duravam dias e os obrigavam a viajar para cidades de todo o país. Em pouco tempo, ele teve a impressão de conhecer melhor essa mulher do que a própria esposa. Nesse ponto da história, imaginei como tudo acabaria.

O SEGUNDO SEGREDO

O que eu não sabia era por que Gerald estava tão perturbado e o que estava para acontecer com ele.

Sem demora, ele acreditou que estava apaixonado por sua colega de trabalho e tomou a decisão de abandonar a esposa e as filhas para começar uma vida nova com ela. Essa decisão parecia fazer sentido na época, pois eles tinham muita coisa em comum. Em poucas semanas, porém, sua nova parceira foi transferida para um projeto em Los Angeles. Em razão de alguns pequenos favores, e por caminhos um tanto tortuosos, Gerald conseguiu uma transferência para o mesmo escritório.

Imediatamente as coisas começaram a dar errado, e Gerald achou que mais perdera do que ganhara. Amigos de anos, dele e da sua esposa, de repente começaram a distanciar-se e esquivar-se. Seus colegas achavam que ele estava um tanto "fora do juízo" por abandonar a posição e os projetos a que tanto se dedicara. Seus próprios pais estavam irritados por ele ter desestruturado a família. Embora sofrendo, Gerald racionalizou que esse era simplesmente o preço da mudança. Ele estava pronto para uma nova vida. O que mais podia pedir?

É nesse ponto que entram o espelho do equilíbrio e a Noite Escura da Alma. No exato momento em que tudo parecia encaixar-se, Gerald descobriu que tudo estava na verdade desmoronando! Em poucas semanas, seu novo amor anunciou que a relação deles não era o que ela esperava. Ela rompeu repentinamente e pediu que ele fosse embora. Num estalar de dedos, ele estava por sua própria conta, sozinho e arrasado. "Depois de tudo o que fiz por *ela*, como ela pôde?", lamentava. Ele abandonara a esposa, as filhas, os amigos e o emprego. Em resumo, havia deixado tudo o que amava.

Quase em seguida ele começou a render menos no trabalho. Depois de várias advertências e uma avaliação de desempenho sofrível, seu departamento finalmente o dispensou. À medida que a história

segredos de um modo antigo de rezar

de Gerald prosseguia, ficou claro o que acontecera realmente: sua vida fora das maiores alturas, com todas as perspectivas de um novo relacionamento, de um novo emprego e de um rendimento maior, para os abismos mais profundos, enquanto todos esses sonhos se dissipavam. Na noite em que Gerald me procurou, ele fazia uma única pergunta: "O que aconteceu?" Como coisas que pareciam tão boas acabaram tão caóticas?

A Noite Escura da Alma: reconhecendo o gatilho

Quando o conheci, Gerald havia perdido tudo o que amava. O porquê disso é a chave desta história. Em vez de soltar as coisas que amava *porque* se sentia completo e estava avançando, ele fez suas escolhas apenas quando acreditou que havia algo melhor para ocupar o lugar delas. Em outras palavras, ele não se arriscou. Por causa do medo de não encontrar nada melhor, ele manteve fisicamente seu casamento durante muito tempo depois de deixar a família emocionalmente. Há uma diferença sutil, porém significativa, entre deixar o nosso emprego, amigos e romances porque estamos completos e ficar com eles por medo de que não haja mais nada para nós.

Todos os tipos de relacionamento podem apresentar uma tendência para apegar-se ao estado atual das coisas até que algo melhor apareça. Esse apego pode vir da inconsciência do que estamos fazendo ou pode existir porque temos medo de virar a mesa e encarar a incerteza de não saber o que vem a seguir. Embora possa muito bem representar um padrão que define aquilo de que estamos inconscientes, não obstante é um padrão. Quer se trate de um emprego, de um romance ou do nosso estilo de vida, podemos surpreender-nos num padrão em que não somos felizes realmente, embora nunca tenhamos comunicado isso honestamente às pessoas da nossa vida. Assim, mesmo quando o mundo acredita que a nossa vida transcorre

O SEGUNDO SEGREDO

normalmente, interiormente podemos estar bradando por mudanças e sentindo-nos frustrados por não saber como comunicar essa necessidade às pessoas que nos são próximas.

Esse é um padrão que produz negatividade. Os nossos sentimentos verdadeiros muitas vezes disfarçam-se como tensão, hostilidade ou às vezes apenas como a nossa ausência na relação. Todos os dias cumprimos as nossas obrigações profissionais ou compartilhamos a nossa vida e a nossa casa com outra pessoa, mas estamos emocionalmente distantes e em outro mundo. Quer o problema seja com o chefe, com alguém que amamos ou com nós mesmos, nós racionalizamos, transigimos e esperamos. Então, certo dia — *bum!* — *acontece.* Aparentemente surgindo do nada, as coisas mesmas que esperávamos e pelas quais ansiávamos aparecem de repente. Quando isso acontece, podemos atirar-nos a elas como se não houvesse amanhã.

No caso de Gerald, quando ele se mudou para outra cidade com o seu novo relacionamento, deixou para trás um vazio não resolvido em que o seu mundo entrou em colapso. Agora, depois de perder tudo o que amava, ele estava sentado à minha frente com lágrimas em profusão rolando em suas faces. "Como posso recuperar o meu emprego e a minha família? Diga-me o que devo fazer!"

Ao passar-lhe a caixa de lenços de papel que reservava numa mesa próxima exatamente para momentos como esse, eu disse algo que pegou Gerald totalmente desprevenido: "Neste momento da sua vida não trate de recuperar o que você perdeu", comecei, "embora possa acontecer precisamente isso. O que você criou para si mesmo vai muito além do emprego e da família. Você despertou uma força dentro de você que pode tornar-se o seu aliado mais poderoso". E continuei, "Quando tiver passado por essa experiência, você terá adquirido uma nova confiança que é inabalável. Você entrou num

segredos de um modo antigo de rezar

período da vida que os antigos conheciam e chamavam de Noite Escura da Alma".

Gerald enxugou os olhos e recostou-se na cadeira. "O que você quer dizer com isso, a 'Noite Escura da Alma'?", perguntou. "Como eu nunca ouvi falar nisso?"

"A Noite Escura da Alma é um período na sua vida em que você é arrastado a uma situação que representa aquilo que, para você, são os seus piores medos", respondi. "Um período como esse geralmente chega quando você menos espera, e normalmente sem avisar. O fato é", continuei, "que você só pode ser levado a essa dinâmica quando o seu comando da vida sinaliza que você está pronto. Então, exatamente quando a vida parece perfeita, o equilíbrio que você alcançou é o sinal de que você está pronto para a mudança. O chamariz para criar a mudança será algo pelo qual você anseia na vida, algo a que você simplesmente não consegue resistir. De outro modo, você jamais daria o salto!"

"Você quer dizer um chamariz como um novo relacionamento?", perguntou Gerald.

"Exatamente como um novo relacionamento", repliquei. "Um relacionamento é o tipo de catalisador que promete que progrediremos na vida." Continuando, expliquei que mesmo sabendo que somos perfeitamente capazes de sobreviver a quaisquer riscos que a vida coloque no nosso caminho, não é da nossa natureza acordar certa manhã e dizer, "Hmm... acho que hoje vou abandonar tudo o que prezo e amo para entrar na Noite Escura da Alma". Tudo indica que não funcionamos dessa maneira. Como normalmente acontece, as grandes provações da nossa Noite Escura parecem advir quando menos as esperamos.

Alguns anos atrás, encontrei um amigo que acabara de deixar a profissão, a família, os amigos e um relacionamento no seu estado natal e mudar-se para as regiões inóspitas do norte do Novo México.

Perguntei-lhe por que havia deixado tudo para trás para fixar-se no isolamento do deserto. Ele começou dizendo que fora para as montanhas para encontrar o seu caminho espiritual. Logo em seguida, disse que não conseguira pôr-se a caminho porque as coisas não iam bem. Ele estava tendo problemas com os negócios, com a família e com os amigos que deixara para trás. Sua frustração era evidente.

Eu aprendi que não existem acasos na vida e que cada obstáculo que enfrentamos faz parte de um padrão maior. Enquanto ouvia a história do meu amigo, o desejo do meu "cérebro de homem" de consertar as coisas da vida compeliu-me a oferecer a minha perspectiva. "Talvez este *seja* o seu caminho espiritual", sugeri. "Talvez o modo de resolver cada problema seja o caminho que você veio procurar aqui."

Ele olhou para trás, pois estava se afastando, e disse simplesmente: "Hmm... talvez seja..."

A possibilidade de que a vida nos traga exatamente o que precisamos, exatamente quando precisamos, faz todo sentido. Assim como não podemos encher uma xícara com água sem antes abrir a torneira, ter uma caixa de ferramentas emocional é o gatilho que dá o sinal para a torneira da vida nos trazer a mudança. Até liberarmos o fluxo, nada pode acontecer. O outro lado dessa dinâmica é que, quando nos encontramos numa Noite Escura da Alma, pode ser reconfortante saber que só podemos chegar a esse ponto na vida se *nós* mesmos acionarmos a chave. Conscientes disso ou não, estamos sempre preparados para qualquer coisa que a vida possa nos oferecer.

Os nossos maiores medos

O propósito da Noite Escura da Alma é levar-nos a sentir e curar os nossos maiores medos. O realmente interessante sobre a Noite Escura da Alma é que, pelo fato de os medos das pessoas serem dife-

segredos de um modo antigo de rezar

rentes, o que parece uma experiência assustadora para uma pessoa pode não ser grande coisa para outra. Por exemplo, Gerald admitiu que o seu maior medo era ficar sozinho. Na mesma noite, porém, eu havia conversado com uma mulher que me disse que "ficar sozinha" era a sua maior alegria.

Não é raro que pessoas que temem ficar sós se tornem mestres em relacionamentos em que sentem os seus medos. Gerald, por exemplo, descreveu romances, amizades e empregos do seu passado que jamais teriam durado! Quando cada um terminava, ele acreditava que os relacionamentos haviam "fracassado". Na realidade, os seus relacionamentos eram tão bem-sucedidos que cada um deles lhe dava condições de ver que o seu maior medo de ficar sozinho passava. No entanto, como ele não se curara, ou nem mesmo reconhecera os padrões em sua vida antes, deparou-se com situações em que o seu medo se tornava cada vez menos sutil. Por fim, a vida o conduziu ao ponto em que o seu medo ficou tão evidente que ele precisou abordá-lo antes de poder continuar.

Embora possamos passar por muitas Noites Escuras da Alma durante a nossa vida, a primeira é normalmente a mais penosa. Ela também é provavelmente o agente mais forte de mudança. Quando compreendemos *por que* sofremos tanto, a experiência começa a assumir um novo significado. Ao reconhecer os sinalizadores de uma Noite Escura, podemos dizer: "Aha! Eu conheço esse padrão! Sim senhor, é definitivamente uma Noite Escura da Alma. Agora, o que preciso dominar?"

Conheço pessoas que se tornam tão fortalecidas depois que conseguem enfrentar as suas experiências da Noite Escura que quase desafiam o universo a lhes trazer a seguinte. Elas fazem isso simplesmente porque sabem que, se sobreviveram à primeira, podem sobreviver a qualquer coisa. Somente quando temos experiências assim sem compreender o que são ou por que passamos por elas é que ficamos presos durante anos, ou mesmo vidas, a um padrão que pode literalmente roubar-nos as coisas que mais prezamos, como a própria vida.

É possível que sofrimentos não resolvidos possam encurtar ou mesmo pôr fim a uma vida? A resposta pode surpreendê-lo.

Por que morremos?

Você já se perguntou por que morremos? Além dos motivos óbvios como guerras, assassinatos, acidentes, desastres naturais e escolhas equivocadas de estilo de vida, qual é a causa real, natural, da morte dos seres humanos? Se somos, como sugerem as tradições espirituais, espíritos de Deus em corpos do pó da terra, e se, como acredita a ciência médica, as nossas células são capazes de curar e substituir a si mesmas inúmeras vezes, o que vem a ser realmente toda essa questão de "desgaste" do corpo? Por que as probabilidades de manter uma vida saudável, vigorosa e cheia de significado parecem voltar-se contra nós quando passamos daquela que é considerada a "meia-idade" e nos aproximamos da marca dos 100 anos?

Tenho feito essa pergunta muitas vezes em seminários ao redor do mundo. Quando as razões listadas acima são aceitas, quase imediatamente as pessoas dizem que é a "velhice" que nos toma a vida. "Nós simplesmente envelhecemos e as coisas deixam de funcionar" é uma resposta típica que ouço. À primeira vista, pesquisas sobre as razões médicas da morte parecem corroborar essa ideia.

Essa perspectiva pode ser resumida mais adequadamente pela primeira frase de um artigo da *General Health Encyclopedia* intitulado "Aging Changes in Organs, Tissues, and Cells": "A maioria das

segredos de um modo antigo de rezar

pessoas percebe que os órgãos vitais começam a perder a função com a idade"[3]. Confesso que posso não estar entre essa maioria! Aliás, quanto mais pesquiso a constituição do nosso corpo e o seu funcionamento, mais me convenço de que há alguma outra coisa envolvida no envelhecimento — algo que não está sendo levado em consideração no nosso modelo médico atual.

Mais adiante no mesmo artigo, outra afirmação abre a porta para essa possibilidade. O autor reconhece que as razões pelas quais o nosso corpo degenera à medida que envelhecemos não são inteiramente compreendidas. "Nenhuma teoria explica suficientemente todas as mudanças do processo de envelhecimento." Em outras palavras, ainda não sabemos realmente com precisão por que deterioramos à medida que o tempo passa. Conquanto, com toda probabilidade, todos nós deixaremos este mundo em algum momento, é possível que estejamos superando a necessidade de envelhecer, sofrer e morrer pelas razões que as pessoas tradicionalmente aceitam?

Somos milagres feitos para durar!

Cientistas, profissionais da área médica e estudiosos concordam que o nosso corpo tem uma capacidade miraculosa de sustentar a vida. Dentre os estimados 50 trilhões ou mais de células que constituem a média dos seres humanos, a maioria delas tem comprovadamente a capacidade de autorregenerar-se e reproduzir-se muitas vezes num período de vida. Em outras palavras, estamos constantemente nos substituindo e reconstruindo de dentro para fora.

Parece haver duas exceções ao fenômeno da reprodução celular. Curiosamente, essas são as células dos dois centros mais proximamente identificados com as qualidades espirituais que fazem de nós o que somos: as células do cérebro e as células do coração. Embora estudos tenham mostrado que as células desses órgãos *podem* ter a

segredos de um modo antigo de rezar

capacidade de se reproduzir, também parece que elas são tão resilientes que podem durar uma vida inteira sem precisar necessariamente se reproduzir.

Por mais complexos que pareçamos externamente, os nossos órgãos, ossos e outros tecidos são em grande parte constituídos de apenas quatro elementos: hidrogênio, nitrogênio, oxigênio e carbono. Ironicamente, esses quatro elementos estão entre os materiais mais abundantes em todo o universo. Somos feitos literalmente da mesma matéria que compõe as estrelas e as galáxias. Obviamente, no que diz respeito aos componentes essenciais do nosso corpo, tudo indica que não há escassez de matéria-prima. Então, *do que* morremos?

Com exceção do mau uso de medicamentos e de diagnósticos equivocados, a maior ameaça à vida de pessoas com idade superior a 65 anos são as doenças cardíacas. Considero essa estatística fascinante devido à atividade incessante do nosso coração. A média de batimentos cardíacos diários é de aproximadamente 100.000, equivalente a 2.5 bilhões de vezes por ano, bombeando 6 litros de sangue ao longo de aproximadamente 20.000 quilômetros de artérias, vasos e capilares a cada 24 horas. O coração parece ser tão essencial para quem e o que nos tornamos na vida que é o primeiro órgão a formar-se no útero materno, antes mesmo do cérebro!

Em termos de engenharia, quando o sucesso de todo um projeto depende de um único componente, essa peça do equipamento recebe o *status* de "crítica à missão". No programa espacial, por exemplo, quando um veículo espacial descer em Marte e não houver ninguém por perto para consertar algo que se danificou, os engenheiros têm duas alternativas para assegurar o sucesso da missão: ou fabricam a peça do veículo da qual depende toda a missão — *a peça crítica à missão* — com tanta precisão que ela não possa falhar, ou constroem sistemas de segurança que possam assumir o controle caso ocorram defeitos. Às vezes eles chegam a adotar os dois procedimentos.

Evidentemente, o órgão milagroso que leva o sangue da vida a cada célula do nosso corpo desenvolveu-se — por um projeto consciente ou por processos naturais — para ser a nossa peça de equipamento "crítica à missão" de maior durabilidade e mais capaz de se curar. Sempre que a perda de alguém que amamos é atribuída à "falha" desse órgão tão extraordinário, precisamos perguntar-nos o que aconteceu *realmente* a essa pessoa. Por que o primeiro órgão a se desenvolver no corpo de alguém, e um órgão que trabalha de modo *tão* impressionante durante *tanto* tempo, com células *tão* resistentes que não precisam sequer reproduzir-se, simplesmente para de funcionar depois de apenas algumas décadas? Isso não faz sentido, a menos que exista outro fator que não tenhamos levado em conta.

A medicina moderna costuma atribuir as doenças cardíacas a um conjunto de fatores físicos e relacionados ao estilo de vida que variam desde o colesterol e a alimentação até toxinas do ambiente e stress. Conquanto esses fatores possam ser acurados num nível puramente químico, eles pouco contribuem para a análise da razão "por que" até mesmo existem. O que significa realmente "falha do coração"?

Talvez não seja coincidência que todos os fatores do estilo de vida relacionados com a falência do coração também estejam ligados a uma força invisível que tradições espirituais antigas descrevem como a linguagem poderosa que fala ao próprio universo: a emoção humana. Existe alguma coisa que *sentimos* no decorrer da nossa vida que, para alguns de nós, pode levar à falência catastrófica do órgão mais importante do corpo?

O sofrimento que mata

A resposta à pergunta — o que põe fim à vida? — pode parecer surpreendente. Um corpo crescente de evidências, produzido por pesquisadores de vanguarda, sugere que a própria vida pode levar à

segredos de um modo antigo de rezar

falência do corpo! Especificamente, emoções negativas não resolvidas — *nossas mágoas* — têm o poder de criar as condições físicas que conhecemos como doenças cardiovasculares: tensão, inflamação, pressão alta e obstrução das artérias. Essa relação corpo-mente foi documentada recentemente num estudo decisivo realizado na Duke University sob a coordenação de James Blumenthal.[4] Ele identificou experiências prolongadas de medo, frustração, ansiedade e desilusão como exemplos de emoções negativas exacerbadas que são destrutivas para o coração e põem em risco a nossa vida. Cada uma delas faz parte de um guarda-chuva maior que identificamos comumente como "sofrimento".

Outros estudos dão suporte a essa relação. O terapeuta Tim Laurence, fundador do Hoffman Institute, na Inglaterra, descreve o impacto potencial do nosso fracasso para curar e perdoar o que ele chama de "velhas feridas e decepções".

"No mínimo", diz Laurence, "ele o afasta da boa saúde".[5] Ele comprova essa afirmação citando inúmeros estudos que mostram, como o de Blumenthal, que condições físicas de raiva e tensão podem levar a problemas que incluem pressão alta, dores de cabeça, imunidade baixa, problemas estomacais e, finalmente, ataques cardíacos.

O estudo de Blumenthal mostrou que ensinar as pessoas a "moderar" sua resposta emocional às situações da vida pode impedir ataques cardíacos. É esse exatamente o ponto de cura do nosso sofrimento! As forças não físicas das coisas que nos fazem sofrer criam efeitos físicos que literalmente têm o poder de nos prejudicar — ou mesmo de levar-nos à morte.

Obviamente, esse estudo, ao lado de outros, não está sugerindo que ter emoções negativas breves seja ruim ou doentio. Quando temos esses sentimentos, eles são indicadores — medidores pessoais — que nos dizem que aconteceu algo que pede nossa atenção e cura. Somente quando ignoramos essas emoções e elas persistem durante meses, anos ou toda uma vida sem solução, é que podem se tornar um problema.

A resposta à pergunta "por que morremos?" poderia ser que, devido à dor dos desencantos da vida, nós nos lesamos a ponto de morrer? Comentando essa possibilidade, o estudo de Blumenthal sugere: "Quando as pessoas falam em morrer de tristeza, talvez elas estejam realmente dizendo que reações emocionais intensas à perda e à desilusão podem causar um ataque cardíaco fatal". Na linguagem do seu tempo, as antigas tradições sugerem precisamente essa possibilidade.

Os primeiros 100 anos são os mais penosos

Então por que a idade humana máxima parece girar em torno dos 100 anos? Por que não 200 ou mesmo 500 anos? Se acreditarmos em relatos dos textos da Torá e do Antigo Testamento, muitas pessoas mediam sua vida em séculos, e não em décadas, como fazemos atualmente. Adão, por exemplo, teria vivido 930 anos, Matusalém 969 anos e Noé 950 anos.

De acordo com os textos, esses homens não eram simplesmente invólucros encarquilhados dos seus seres anteriores, mal sobrevivendo e agarrando-se a um frágil fio de vida. Em idade avançada eles eram ativos e vigorosos, aprazendo-se com suas famílias e até começando famílias novas! E por que não? Vivemos evidentemente em corpos estruturados para durar. Segundo a Torá, Noé viveu mais 350 anos *depois* do Dilúvio. Se estava com 950 anos quando morreu, isso significa que ele tinha condições físicas e vigor suficiente para construir a arca que garantiria a sobrevivência de toda a raça humana com a idade de 600 anos!

Se houve um tempo em que as pessoas viviam mais e com mais saúde, o que aconteceu? O que mudou? Um número incontável de

O SEGUNDO SEGREDO

textos e tradições espirituais que atravessaram séculos lembra-nos que somos almas expressando-se por meio do corpo. E embora o corpo seja feito dos elementos do universo, é a alma que lhe dá vida. *Quando a nossa alma sofre, a dor é transmitida para o nosso corpo como a qualidade espiritual da força da vida que introduzimos em cada célula.*

É possível que os 100 anos ou pouco mais que vemos como a duração da vida humana sejam de fato o limite de tempo que o corpo pode resistir ao sofrimento não resolvido na alma? Diz-nos um século quanto tempo podemos suportar a tristeza e as desilusões da vida antes que elas se apoderem de nós? Todos podemos dar testemunho da dor de ver as pessoas que amamos, os animais que estimamos e as experiências a que nos afeiçoamos desaparecer da nossa vida. Pode uma vida de perdas, decepções e traição ter o poder de inutilizar até mesmo o nosso órgão mais vigoroso e resistente, o coração? Ou, quem sabe, o nosso sofrimento seja mais antigo e mais profundo.

Além dessas fontes evidentes de sofrimento, talvez exista outra menos óbvia, embora tão colossal e universal que seja difícil para nós até pensar sobre ela. Em todas as culturas e sociedades, histórias da criação afirmam que para nos tornarmos almas individuais em nosso corpo neste mundo, precisamos afastar-nos da família de uma alma coletiva maior. Ao mesmo tempo, um dos medos universais mais profundos é exatamente este: o medo de ficar separado e sozinho.

Talvez o grande sofrimento que subjaz a todos os outros seja a dor da separação de uma existência maior. Se isso é verdade, talvez sintamos tanta falta da nossa família da alma maior que procuramos preencher o vazio recriando uma sensação de unidade através de famílias menores aqui na Terra. Não admira, então, que a perda dessa

segredos de um modo antigo de rezar

família seja tão devastadora. Isso nos remete novamente à dor do sofrimento original.

Para muitas pessoas, é seu desejo de "apegar-se" às suas famílias, aos seus relacionamentos e às lembranças de experiências passadas que cria as condições que levam aos maiores sofrimentos. Quando elas anseiam pelas coisas que não podem mais ter e pelas pessoas de quem sentem falta, muitas vezes o álcool e a droga se tornam os anestésicos socialmente aceitáveis usados para entorpecer essa profunda dor da alma.

Se pudermos descobrir uma maneira de valorizar o tempo que passamos com as pessoas que amamos, e também um modo de sentir-nos bem quando esse tempo acaba, teremos dado um passo gigantesco na direção da nossa cura maior. Dessa perspectiva, os mesmos princípios que nos levam a lesar-nos até a morte também trabalham no sentido oposto. Eles nos oferecem o poder curativo da vida. Esse aspecto importante parece estar relacionado ao modo como nos sentimos com o que a vida nos mostra.

Apesar de todas essas possibilidades sobre as quais podemos refletir, o que sabemos com certeza é o seguinte: um potencial biológico faculta que o nosso corpo dure muito mais tempo, que vivamos com mais saúde e usufruamos uma vida mais rica do que parece ser a realidade presente. Entretanto, além dos elementos físicos do nosso corpo, algo parece estar faltando na equação moderna da longevidade. Como quer que prefiramos chamá-lo, esse "algo" parece ser a força espiritual que alimenta o nosso corpo. Usando a linguagem de outros tempos, os antigos nos deixaram instruções sobre como podemos nutrir essa força vital da qual toda vida depende. O conhecimento delas pode dar-nos condições de transformar o sofrimento passado em sabedoria de cura. Para viver mais, com mais saúde e vitalidade, precisamos compreender os sofrimentos da vida.

Precisamos _sentir_ para amar

O poder da sabedoria, da beleza e da oração descrito por muitas tradições antigas foi redescoberto por meio de experiências modernas. Como vimos na Introdução, por exemplo, o tema que subjaz ao conhecimento dos navajos se baseia no reconhecimento da relação entre o sofrimento no seu mundo externo e a sabedoria e o amor em seus corações. Embora sejam experiências absolutamente diferentes, sofrimento, sabedoria e amor parecem estar intimamente ligados por uma relação muito peculiar e talvez inesperada.

O nosso sofrimento revela a nossa capacidade de sentir — quanto maior o sofrimento, mais intenso o sentimento. No nosso sofrimento mais íntimo e profundo descobrimos a extensão da nossa capacidade de amar. O perdão também parece estar diretamente ligado ao sofrimento. Quanto maior a dor, explica Tim Laurence, maiores os benefícios do perdão. _Dessa perspectiva, o sofrimento pode ser considerado como um barômetro da nossa capacidade de amar, e não um castigo pelas escolhas que fazemos._ É essa relação sutil que demonstra a força que muitas tradições descrevem como a "cola" que mantém o nosso mundo unido — o poder do nosso amor. Descobrimos a nossa maior cura no nosso poder de amar.

É quase como se viéssemos a este mundo e nos testássemos de modos impensáveis para pessoas racionais e amorosas. No decorrer dos nossos relacionamentos, empregos, perdas e fracassos na vida, nós nos lançamos às fronteiras de quem acreditamos ser. Durante todo o tempo, fazemo-nos a mesma pergunta: "Como é possível amar em meio a essas experiências?" Podemos amar diante de atrocidades impensáveis que procuram justificativa na cor da pele ou na forma de crença em Deus? Podemos amar num mundo onde pessoas matam aquilo que não entendem e varrem povos inteiros da face da Terra?

segredos de um modo antigo de rezar

Pessoalmente, cada um de nós sofreu a perda de pessoas queridas que num dia estavam aqui e no outro desapareceram da nossa vida. Vemos pessoas sofrendo de doenças que criatura nenhuma no mundo deveria ter de suportar. Quando partem, perguntamos a nós mesmos: "Podemos amar ao mesmo tempo em que sofremos com a ausência delas?" O nosso amor muitas vezes é testado de modos que jamais escolheríamos conscientemente ou que jamais conseguiríamos imaginar. Cada vez que a vida pergunta se ainda podemos amar, a resposta é a mesma. É um grande e retumbante "Sim!", porque ainda estamos aqui.

Quer o chamemos pelo mesmo nome ou simplesmente vivamos o que ele significa na nossa vida, é irrelevante — o que nos sustenta é o amor. Ele nos guia através de tempos penosos e também nos tempos alegres, e promete que seremos sempre aliviados das piores dores que a vida possa oferecer. O antigo segredo que possibilita que o nosso amor nos cure é deixá-lo entrar na nossa vida. Para isso, precisamos descobrir uma maneira de transformar os nossos maiores sofrimentos em profunda sabedoria.

Transformando o Sofrimento em Sabedoria

Como parte de um ciclo natural, as experiências de "sofrimento" e de "sabedoria" parecem estar estreitamente relacionadas. Como o sofrimento provém do modo como *interpretamos uma experiência*, modificando a nossa forma de sentir sobre o que aconteceu alteramos o nosso foco no ciclo. Quando uma experiência nos aflige tanto que é mais fácil negá-la, esquecê-la ou de algum modo evitá-la em vez de encará-la de frente, podemos ficar facilmente paralisados em nossos sentimentos. Temos dentro de nós, porém, o poder de transmutar o nosso sofrimento em sua forma curada de sabedoria, venha ele de onde vier. Embora a experiência que originalmente causou o sofrimento permaneça inalterada, é no modo como sentimos o sofrimento que encontramos o nosso poder.

À primeira vista, essa compreensão parece pedir que simplesmente continuemos em frente, disfarçando um novo sentimento sobre os acontecimentos da nossa vida. Um exame mais apurado, porém, revela que os antigos compreendiam, e aplicavam, um princípio primevo e sutil que apenas recentemente a ciência ocidental reconheceu. Esse princípio sugere que o mundo ao nosso redor é como um espelho vivo — o tecido quântico que reflete as emoções que estão dentro de nós. Mais especificamente, os padrões de saúde no nosso corpo, o apoio da família, da comunidade, e a paz no mundo tendem a refletir as nossas crenças mais profundas. Atualmente, as teorias mais recentes da física do século XXI respaldam firmemente essa relação entre crença e experiência.

Parece que esse princípio se aplica tanto às crenças que consideramos "negativas" quanto às "positivas". Emoções que afirmam a vida, como gratidão, compaixão e amor, são hoje vistas como promotoras de condições favoráveis à vida, como pressão arterial mais baixa, liberação de hormônios "bons" e fortalecimento das respostas imunológicas. Do mesmo modo, emoções que negam a vida, como raiva, ódio, ciúme e violência, são promotoras de condições que ameaçam a vida, como batimento cardíaco irregular, respostas imunológicas enfraquecidas e aumento do nível de hormônios do stress.

Talvez não cause surpresa, então, descobrir que na sutileza desse princípio também encontramos a chave do que muitos acreditam ser a mais poderosa força da criação! Na história da sua busca da verdade, Gurdjieff se viu num mosteiro remoto e recôndito, num país anônimo, onde foi convidado a permanecer até despertar um grande poder dentro de si mesmo. "Fica aqui", disse-lhe o seu mestre, "até adquirir a força em ti que nada pode destruir". Acredito que essa força era o amor, a sabedoria e a compaixão que vêm da cura do sofrimento. A chave que dá novo sentido às coisas que nos fazem sofrer é a mesma que nos possibilita ir além dos nossos julgamentos da vida. É o antigo poder da bênção.

Capítulo Três

O TERCEIRO SEGREDO:
BÊNÇÃO É LIBERTAÇÃO

*Muito além dos conceitos de certo e errado,
existe um campo. Eu o encontrarei lá.*
— Rumi

ANTIGAS TRADIÇÕES SUGEREM QUE A ÚNICA DIFERENÇA ENTRE OS ANJOS DO CÉU E OS ANJOS DA TERRA É QUE OS DO CÉU SE LEMBRAM DE QUE SÃO ANJOS. QUANDO AMAMOS, MUITAS VEZES FAZEMOS ISSO COM A ABERTURA E A INOCÊNCIA DE UM ANJO. É ESSA MESMA ABERTURA QUE POSSIBILITA A PASSAGEM DA DOR. É *POR CAUSA* DA NOSSA INOCÊNCIA QUE SENTIMOS TÃO PROFUNDAMENTE O SOFRIMENTO.

De fato, se somos todos anjos, somos anjos muito poderosos. A nossa raiva e violência, como também o nosso amor e compaixão, certamente comprovam isso! Essas emoções mostram como podemos sentir intensamente e quanta energia positiva ou negativa podemos direcionar às coisas que produzem em nós sentimentos fortes.

Quando vejo multidões enfurecidas nas ruas de qualquer país, matando e destruindo coisas que são muito importantes para elas, digo para mim mesmo, *Que anjos raivosos!* Quer você acredite ou não que somos anjos, a realidade é que existe algo em nós que nos predispõe a sofrer emocionalmente de um modo sem paralelo em outras criaturas. Quando sofremos verdadeiramente, o poder da bênção é o segredo da cura.

Às vezes a vida questiona as crenças até das pessoas mais amorosas e piedosas. A respeito da sua fé em Deus depois da tragédia na Escola Número 1, em Beslan, em 2004, o arcebispo de Canterbury disse: "Quando vemos toda a energia que as pessoas aplicam num ato de tanta maldade como esse, então, sem dúvida, sim, surge uma ponta de dúvida. Creio que não seria humano não reagir desse modo".[1]

Embora possamos acreditar que existam razões espirituais para as tragédias do mundo, ainda assim precisamos descobrir um modo de compreendê-las. Muitas vezes a oração é o antídoto recomendado para amenizar a dor das atribulações. Quando os grandes mestres espirituais nos convidam a tratar as angústias da vida com a oração, devemos fazer a pergunta óbvia: Como fazer orações "positivas" quando estamos exasperados e feridos, só querendo que o nosso sofrimento cesse? A compreensão do modo como a oração opera responde exatamente a essa pergunta.

Mais de 19 séculos antes de os cientistas ocidentais reconhecerem o campo de energia que une todas as coisas, sábios antigos e curandeiros nativos descreviam a "teia da criação" em palavras do seu tempo. Na tradição hopi, por exemplo, o antigo Canto da Criação descreve um tempo em que as pessoas da Terra lembrarão que a energia feminina da Mulher Aranha é a teia que une o universo. Os sutras budistas falam de um lugar "distante na morada celestial do grande deus Indra" onde tem origem a "rede maravilhosa" que nos liga ao universo.

Evidentemente, a ideia de uma força unificadora que mantém tudo interconectado era um tema comum. Se os antigos sabiam da existência do Campo, é possível que também soubessem como usá-lo? Que segredos os nossos ancestrais conheciam no seu tempo que nós esquecemos no nosso? Preservada em textos, em tradições e em paredes de templos, os que nos precederam deixaram para nós nada menos que a descrição de um princípio quântico que estamos apenas começando a entender. Com essa descrição, recebemos instruções claras para introduzir na nossa vida as "forças belas e impetuosas" da oração descritas por São Francisco. A chave está num lugar que pode surpreendê-lo.

O mistério do espaço intermediário

Há um poder que reside no espaço "intermediário", aquele instante sutil em que alguma coisa termina e a que se segue ainda não começou. Do nascimento e morte de galáxias ao início e fim de carreiras e relacionamentos, e mesmo na simplicidade da inspiração e da expiração, a criação é a história de inícios e términos: ciclos que começam e acabam, expandem e contraem, vivem e morrem.

Seja qual for a escala, existe entre o "início" e o "fim" uma fração de tempo em que nenhum dos dois processos acontece inteiramente.

É desse momento que surgem a magia e os milagres! No instante intermediário estão todas as possibilidades, e nenhuma foi ainda escolhida. Desse lugar recebemos o poder de curar o nosso corpo, de mudar a nossa vida e de trazer paz ao mundo. Todos os eventos nascem nesse momento mágico e poderoso.

O mistério e as possibilidades do espaço que relaciona dois eventos são reverenciados há muito tempo nas tradições de sabedoria do passado. Tradições nativas da América do Norte, por exemplo, afirmam que duas vezes por dia a Terra entra precisamente nesses reinos místicos. Encontramos um dos reinos imediatamente *depois* que o Sol desce na linha do horizonte, logo *antes* que a escuridão da noite chegue. O segundo reino ocorre logo *antes* que o Sol reapareça no horizonte, *depois* do período mais escuro da noite.

Ambos são momentos crepusculares — nem completamente dia nem totalmente noite. As tradições sugerem que é durante esse período que ocorre uma abertura em que verdades profundas podem ser compreendidas, grandes curas podem ocorrer e as orações têm a sua maior força. O antropólogo Carlos Castañeda, em sua obra clássica, *A Separate Reality*, chamou essa abertura de "fenda entre os mundos" e a descreveu como um ponto de acesso aos reinos invisíveis de espíritos, demônios e poder.

Cientistas modernos admitem o poder desse lugar. Para eles, porém, trata-se menos de dia, noite e tempo, e mais da matéria de que o mundo é feito. Da perspectiva de um cientista, o que vemos como o mundo sólido à nossa volta é tudo, menos sólido!

Quando a sala de cinema local projeta uma imagem em movimento na tela à nossa frente, por exemplo, sabemos que a história que vemos é uma ilusão. O romance e a tragédia que nos emocionam profundamente são na verdade o resultado de muitos quadros imóveis projetados rapidamente, um depois do outro, para criar a *sensação* de uma história contínua. Enquanto os olhos veem as figuras isoladas, quadro a quadro, o cérebro as agrupa naquilo que percebemos como um filme ininterrupto.

A física quântica sugere que o mundo funciona da mesma forma. Por exemplo, o que vemos como o gol no futebol ou o triplo axel de um praticante de patinação artística num programa esportivo numa tarde de domingo, em termos quânticos é de fato uma série de eventos individuais que acontecem muito rápida e proximamente. Do mesmo modo que muitas imagens interligadas fazem um filme parecer real, a vida na realidade acontece como breves, minúsculas explosões de luz chamadas *quanta*. Os quanta da vida acontecem tão rapidamente que, a menos que o cérebro seja treinado para operar de modo diferente (como em algumas formas de meditação), ele simplesmente efetua a média dos pulsos para criar a ação contínua que vemos como os esportes de domingo.

Nessa explicação simplificada da vida encontramos também o elemento fundamental para a nossa cura. Para que uma explosão de luz termine antes que a seguinte comece, deve haver, por definição, um momento intermediário. Nesse espaço, por um breve instante, existe um equilíbrio perfeito em que nada acontece — os eventos que levaram à explosão estão completos, e os novos eventos ainda não começaram. Nesse lugar de "coisa nenhuma", todos os cenários de vida/morte/sofrimento/cura/guerra/paz existem como possibilidades e em potencial. Esse é o lugar onde sentimentos e orações se tornam as matrizes da vida.

É o estado emocional *durante* a oração que determina o tipo de matriz que criamos. Sabendo que o Campo é um reflexo das nossas crenças interiores, precisamos encontrar um meio de limpar o nosso sofrimento e raiva *antes* de rezar. Se pensarmos sobre isso, veremos

segredos de um modo antigo de rezar

que faz muito sentido. Afinal, como podemos esperar que a Mente de Deus reflita cura e paz se sentimos medo e sofremos?

Assim, diante das fortes emoções de raiva, frustração, inveja e angústia, como podemos sentir alguma outra coisa para que as nossas orações tenham todo o seu vigor? Como podemos deter as emoções "negativas" enquanto entramos no poderoso espaço intermediário? Para responder a essa pergunta, inspiramo-nos novamente na sabedoria do passado.

O campo de Rumi: além do julgamento

Não há dúvida quanto ao poder que os antigos autores dos Manuscritos do Mar Morto atribuíam ao espaço intermediário. O *Evangelho Essênio da Paz* lembra-nos, "No momento entre a inspiração e a expiração ocultam-se todos os mistérios..." Como em outras tradições, as ordens mais elevadas dos ensinamentos essênios contêm instruções sobre o modo de usar o espaço intermediário como preparação para a oração.

Especificamente, elas descrevem como podemos preparar a mente, o coração e o corpo *antes* de começar a rezar. Mesmo que seja por apenas um momento, somos convidados a criar uma experiência que suspende temporariamente os nossos julgamentos, medos e dores. Desse estado neutro, podemos oferecer a nossa oração inspirados pela força e pela clareza, e não pelo julgamento turvado que brota do sofrimento. Isso permite entrar no diálogo sagrado com a Mente de Deus num estado de consciência que traz os maiores benefícios da oração para a nossa vida.

Com palavras eloquentes e simples, o poeta sufi Rumi nos convida a reunir-nos a ele nesse lugar neutro depois de tê-lo descoberto dentro de nós mesmos. Ele faz seu convite em duas afirmações breves, mas muito fortes:

segredos de um modo antigo de rezar

"Muito além dos conceitos de certo e errado, existe um campo. Eu o encontrarei lá".[2]

Como chegamos a esse lugar quando a vida nos mostra um mundo que parece assustador e perigoso? As instruções são precisas.

Bênção: o lubrificante emocional

Hoje encontramos a explicação para o campo além do certo e do errado de Rumi na sabedoria da bênção. Talvez contrariamente à crença popular de que ao abençoarmos alguma coisa colocamos nela o nosso selo de aprovação, essa forma de bênção não contemporiza nem desestimula ou incentiva qualquer ação, circunstância ou evento. Ela não concorda nem discorda de qualquer ponto de vista. Simplesmente reconhece o que aconteceu. O ato de reconhecer sem julgar é a abertura que possibilita que a cura se inicie.

E a razão é esta: quando algo nos atinge tão seriamente que precisamos reagir, reprimir ou repelir, a nossa tendência é não dar atenção ao que sentimos. É assim que lidamos com muitas experiências. Isolamos a emoção que envolve o que experimentamos e a ocultamos nas profundezas do nosso íntimo para que não machuque ainda mais. Mas a dor não "vai embora" simplesmente. Ela fica onde a depositamos. Então, no momento em que menos esperamos, ela encontra um modo de retornar à superfície, muitas vezes de uma forma que nunca escolheríamos. Isso é especialmente comum em pessoas que viveram episódios emocionalmente traumáticos que podem variar desde cenas em campos de batalha e estupro até abusos praticados contra crianças e violência doméstica.

A fúria desproporcional que pode emergir nesses momentos muitas vezes encontra suas raízes no choque de uma experiência vivida na infância que não foi possível resolver quando aconteceu. Nesses casos, um comentário aparentemente inocente e espontâneo feito por alguém que prezamos ou por um colega de trabalho pode se tornar o gatilho que desperta esse sofrimento do passado.

A nossa capacidade de "reprimir" é o mecanismo de defesa que nos permite prosseguir na vida, sem precisar lidar com o sofrimento imediato de algo que atinge os nossos sentidos e a nossa sensibilidade. Ao mesmo tempo, as emoções que foram criadas dentro de nós ainda estão presentes, embora enterradas. Tim Laurence vê o reconhecimento do sofrimento como um passo desconfortável, mas necessário, para a cura. "É um processo de catarse emocional", diz ele, "que dá à pessoa condições de superar o sentimento de ter sido tratada injustamente".[3]

Alguns podem achar que o mecanismo de defesa de disfarçar o sofrimento funciona tão bem, de fato, que acreditam ter curado a experiência. Podem inclusive acreditar que esqueceram o que os fez sofrer inicialmente. O corpo, porém, não esquece. Estudos mostram que o DNA e as células do nosso corpo estão em comunicação direta com os sentimentos que temos com relação à nossa vida. Para cada sentimento, o corpo cria uma química semelhante. Com a liberação de hormônios auspiciosos à vida, como o DHEA, ou danosos à vida, como o cortisol, nós sentimos literalmente o que pode ser chamado de química do "amor" e química do "ódio".

Sabemos intuitivamente que isso é verdade porque percebemos que a alegria e a estima têm uma influência positiva sobre o nosso corpo, fazendo sentir-nos cheios de energia e mais leves, ao passo que o ódio e o medo têm o efeito contrário. Algumas tradições holísticas sugerem inclusive que doenças como o câncer são expressões de raiva, ressentimento e culpa não resolvidos que emergem de partes do corpo onde foram depositados anos antes. Embora talvez não possamos provar isso cientificamente no momento, a correlação entre o trauma emocional e os órgãos a ele associados existe claramente e merece mais estudo. Com essa compreensão em mente, parece que

segredos de um modo antigo de rezar

negligenciar as coisas que nos causam sofrimento pode ter efeitos prolongados que não nos interessam absolutamente.

Faz sentido encontrar uma maneira de transformar algo que nos causa sofrimento numa nova experiência que nos seja proveitosa. Podemos fazer isso dando-nos conta desse algo e permitindo que se movimente *através* do corpo. É aqui que a bênção entra no processo de cura.

Definição de Bênção

A bênção pode ser descrita como uma qualidade do pensamento/sentimento/emoção que nos permite redefinir os nossos sentimentos sobre algo que está nos fazendo sofrer no momento ou que nos fez sofrer no passado. Expresso de outra forma, a bênção é o "lubrificante" que libera as nossas emoções perniciosas, abrindo-nos para uma cura maior, em vez de manter nossas emoções presas e não resolvidas dentro do corpo. Para lubrificar nossas emoções, precisamos reconhecer (abençoar) todos os aspectos dessas coisas dolorosas: quem sofre, a causa do sofrimento e os que testemunham os efeitos.

Nesse ponto de qualquer discussão sobre o que *é* a bênção, em geral sinto que é importante deixar muito claro o que ela *não é*. Quando abençoamos alguém que nos fez sofrer, é evidente que não estamos sugerindo que está tudo bem com relação ao acontecido ou que gostaríamos que voltasse a acontecer. A bênção não justifica nem desculpa qualquer atrocidade ou ato de violência. Não fixa um selo de aprovação num evento pernicioso nem sugere que optaríamos por repeti-lo.

O que a bênção *faz* é libertar-nos das experiências dolorosas. Ela reconhece que aqueles eventos, sejam quais forem, ocorreram. Quando fazemos isso, os sentimentos sobre essas experiências se

O TERCEIRO SEGREDO

movimentam *através* do corpo em vez de ficar presos nele. Assim, a bênção é a chave para chegar ao campo além do certo e do errado de Rumi. A bênção é a chave que dá acesso ao espaço intermediário. Ela suspende temporariamente o sofrimento por tempo suficiente para que possamos substituí-lo por outro sentimento.

Pelo ato de abençoar, você assume o poder de liberar os sofrimentos mais profundos da vida e os sentimentos não resolvidos. A bênção faz isso sem que precisemos ir às origens desses sentimentos, sem que precisemos reviver o sofrimento repetidas vezes para chegar às suas raízes ou que empreendamos uma busca incessante para entender por que as coisas aconteceram daquela forma. Conquanto essas alternativas possam dar resultado até certo ponto, e para algumas pessoas, o simples ato de abençoar lhe dá o poder de mudar a sua vida, sem necessidade de nenhuma outra habilidade além da que você já tem dentro de si mesmo. E faz isso no tempo de um batimento cardíaco! Quando podemos fazer as nossas escolhas e oferecer as nossas orações num espaço de força e clareza, e não da fraqueza que resulta da raiva e da dor, algo maravilhoso começa a acontecer.

Parece muito simples para que possa produzir efeito? Essa ferramenta poderosa pode ser tão simples ou tão complicada quanto queiramos que seja. A razão por que a bênção funciona tão bem é muito fácil de entender. É impossível julgar alguma coisa ao mesmo tempo em que a abençoamos. A mente não nos permite fazer as duas coisas de uma só vez.

Eu o convido a tentar realizar o processo de abençoar seguindo as instruções apresentadas nas próximas páginas. Pense numa pessoa, lugar ou experiência que lhe causou sofrimento no passado e aplique o procedimento. Você se surpreenderá com o poder, a eficácia e a simplicidade desse antigo segredo da bênção.

Antes de abençoar...

Há um pré-requisito a cumprir antes que você possa abençoar, porém. Como preparação para aceitar a bênção em sua vida, você deve primeiro responder com toda sinceridade e honestidade uma única pergunta. Você não precisa fazer isso formalmente ou diante de outra pessoa, a não ser que se sinta melhor procedendo assim. Essa pergunta é exclusivamente para você e o ajudará a perceber ainda mais onde está o seu condicionamento relacionado com os aspectos "certo" e "errado" da sua vida.

A pergunta é a seguinte: "Estou preparado para ir além de uma reação 'visceral' ou de uma antiga crença de que 'alguém deve pagar' ou de que 'preciso me desforrar' para reparar um erro?" Em outras palavras, você está pronto para superar o tipo de pensamento que justifica prejudicar alguém porque você foi prejudicado?

Se a resposta a essa pergunta for *sim,* então a bênção é para você, e você gostará dos resultados que irá obter! Se a resposta for *não,* então é preciso descobrir *por que* você opta por prender-se a uma crença que o mantém preso ao sentimento que o leva justamente ao sofrimento que você está procurando curar.

Na tradição da bênção, obviamente não existem respostas certas ou erradas a essas perguntas. Elas têm unicamente o objetivo de ajudá-lo a deixar muito claro onde você se encontra em seus processos de pensamento e o que espera alcançar por meio das suas crenças.

A antiga chave

Embora o ato de abençoar pareça conflitar diretamente com as crenças de algumas tradições, ele também está em estreita sintonia com os ensinamentos dos grandes mestres espirituais do passado. Eu o apresento aqui porque descobri pessoalmente que ele guarda a

segredos de um modo antigo de rezar

chave das curas mais profundas, para o maior número de pessoas, no período de tempo mais curto.

Os textos espirituais ocidentais que preservavam grande parte da sabedoria da bênção foram editados ou, em alguns casos, totalmente suprimidos. Atualmente, precisamos rebuscar antigas técnicas preservadas nos livros bíblicos "perdidos" que foram descobertos na metade do século XX. Curiosamente, uma das melhores descrições do poder do não julgamento está num dos mais controversos: o Evangelho de Tomé, que faz parte da Biblioteca de Nag Hammadi.

O ponto crucial dessa parte dos Evangelhos é um registro do que Jesus dizia aos que ele conheceu durante sua vida. É aqui que encontramos o relato de uma conversa que ele teve com os discípulos a respeito dos segredos da vida, da morte e da imortalidade. Respondendo a uma pergunta sobre o que podemos esperar como destino final, Jesus começa oferecendo chaves para o que ele chama de "árvores" da nossa existência, atributos de vida que são constantes e permanentes. "Quem as conhecer [as árvores] não provará a morte",[4] ele diz. Uma dessas chaves é a capacidade de precaver-nos contra o julgamento.

Na elegância familiar que frequentemente encontramos na verdadeira sabedoria, Jesus descreve o estado de consciência neutra dizendo aos seus discípulos o que devem fazer para entrar no lugar de imortalidade que ele chama "reino".

Jesus diz: "Quando transformardes dois em um, e fizerdes o interior como o exterior, e o exterior como o interior, e o de cima igual ao de baixo, e quando fizerdes do masculino e do feminino uma só coisa... então entrareis no reino".[5] Compreendemos imediatamente o que ele está dizendo.

Só quando podemos ver *além* das diferenças que julgamos — isto é, quando eliminamos as polaridades que produziram a separação das coisas no passado — é que podemos criar para nós mesmos o

O TERCEIRO SEGREDO

estado de ser em que "não provaremos a morte". Quando podemos ir além do certo e do errado, do bem e do mal que a vida nos mostra, encontramos a nossa maior força para nos tornar mais do que as coisas que nos fizeram sofrer. Embora a mente saiba que essas coisas podem existir num nível, *é o sentimento em nosso coração* que fala ao Campo da Mente de Deus... e cria.

Como mestre e curador, Jesus nos mostra assim como podemos transcender os nossos sofrimentos por meio da sabedoria do nosso coração. Apesar de outros ensinamentos sugerirem técnicas semelhantes, as descritas por Jesus talvez sejam as mais claras e concisas. Isso talvez se deva, em parte, às lições que ele assimilou durante o seu aprendizado com outras tradições espirituais. Embora Tomé nos ofereça a essência dos ensinamentos de Jesus, as traduções modernas do seu evangelho nos deixam um pouco com a sensação de estarmos lendo no *Reader's Digest* uma versão condensada de ideias que poderiam ser muito mais expandidas!

Ofereço a seguir uma explicação mais desenvolvida do processo de bênção de Jesus, elaborada a partir de uma compilação dos seus ensinamentos e das pregações de outros mestres espirituais.

As instruções

As traduções ocidentais da Bíblia empregam simplesmente o termo "bendizer" ou "abençoar", sem dizer como fazer isso ou por que a prática é eficaz. Talvez as referências mais conhecidas nesse contexto sejam as passagens em que Jesus descreve aos seus discípulos as qualidades espirituais que lhes serão mais proveitosas neste mundo e no outro. "Bendizei os que vos amaldiçoam, orai por aqueles que vos difamam."[6] Por mais estranhas que essas palavras possam parecer no mundo atual em que é fácil confundir justiça com "revide",

segredos de um modo antigo de rezar

só posso imaginar como era espantoso esse modo de pensar 2.000 anos atrás!

Nas traduções editadas, vemos esse tema repetindo-se em graus diversos ao longo dos ensinamentos de Jesus. Na carta aos romanos, por exemplo, as instruções referentes à reação que devemos ter ao sermos hostilizados deixam poucas dúvidas quanto à intenção da mensagem. "Abençoai os que vos perseguem; abençoai e não amaldiçoeis."[7]

Embora muitos ensinamentos de Jesus relacionados com a bênção fossem oferecidos para lidar com afrontas pessoais, físicas ou verbais, a ideia de abençoar também se estende à angústia que sentimos por saber que outras pessoas estão sendo ultrajadas.

Quando alguma coisa dolorosa nos atinge, a dor emocional pode manifestar-se em três lugares. Embora um ou outro desses lugares sejam mais fáceis de identificar, nos três a bênção produz efeitos de grande eficácia. Esse é o poder da bênção: ela nos leva muito além da velha armadilha de julgar certo ou errado o que aconteceu.

Talvez você se pergunte, "Por que eu abençoaria justamente as coisas que me fazem sofrer?" Essa é uma boa pergunta; eu a fiz para mim mesmo anos atrás quando descobri o poder da bênção. A resposta é clara e até enganosamente simples. Temos duas escolhas relacionadas com o modo de lidar com os sofrimentos da vida: podemos mascará-los e enterrá-los, deixando que aos poucos nos roubem as coisas que amamos até finalmente nos destruir, ou podemos aceitar a cura que vem com a aceitação das agruras da vida, vivendo saudáveis e revigorados. Pessoalmente, acredito que essa é a intenção da afirmação que encontramos no Evangelho de Tomé: "Se fizerdes nascer o que está dentro de vós, ele vos salvará. Se não o fizerdes, ele vos destruirá".

O desafio, bem como a recompensa, resultantes da aplicação desse princípio em nossa vida podem resumir-se nas palavras de São

Francisco. Ele diz a respeito da própria existência, "Foi fácil amar a Deus em tudo o que era belo. As lições de um conhecimento mais profundo, porém, ensinaram-me a acolher Deus em todas as coisas". Isto é, tanto as experiências desagradáveis quanto as prazerosas. A escolha é nossa. Se escolhemos a cura, o caminho é a bênção.

Quando tomamos a decisão de abençoar, deparamo-nos com três aspectos ou grupos de pessoas em cada situação que pedem para ser abençoadas. Embora sempre possa haver exceções, de modo geral devemos abençoar os que sofrem, a causa do sofrimento e os que testemunham e são esquecidos. Descrevo cada grupo brevemente:

Abençoar os que sofrem: Os primeiros a quem devemos dirigir a nossa bênção são evidentemente os que sofrem. Em alguns casos, como nas tragédias do 11 de setembro e de Beslan, a distância entre nós e os que estão sofrendo de forma atroz pode ser enorme. Em outros, como uma promessa quebrada ou a traição da confiança de uma pessoa amada, o sofrimento pode estar em nosso próprio quintal, pois *somos nós* que estamos sofrendo. De qualquer modo, essa talvez seja a parte mais fácil do processo da bênção: abençoar aqueles que são o objeto do sofrimento.

Abençoar o que causa o sofrimento: Para muitas pessoas, essa é a parte mais difícil. Para outras, entretanto, abençoar as pessoas ou as coisas que fazem sofrer, que nos causam dor e tiram de nós o que mais amamos, é uma atitude tão em sintonia com as tradições em que fomos educados que parece quase uma segunda natureza.

É nesse ponto que o poder da bênção se torna muito real. Quando o encontramos dentro de nós mesmos para abençoar as pessoas e as coisas que nos ferem, nós nos renovamos. É preciso ser uma pessoa forte para elevar-se acima do certo e errado dos acontecimentos e dizer: "Hoje, sou mais do que o sofrimento do meu passado".

Conheço pessoas que me dizem: "Farei essa 'coisa de bênção' só uma vez, quando não houver ninguém por perto, porque meus ami-

segredos de um modo antigo de rezar

gos jamais entenderiam esse modo de pensar. E se eu não gostar do que acontecer, voltarei a sentir o ódio e a inveja que me foram úteis no passado".

Eu respondo: "Ótimo! Uma vez é tudo o que é preciso!" Sinto-me confiante em minha resposta por um único motivo. No momento — *no instante* — em que abrimos a porta para uma possibilidade maior de bênção em nossa vida, mudamos internamente. Há uma transformação. Nessa mudança, não podemos voltar atrás... e por que iríamos querer isso? Por que *escolheríamos* alimentar sentimentos que nos fazem sofrer ao longo do tempo se podemos nutrir os que nos curam?

Quer tente uma vez e volte atrás — ou não — você deve levar em consideração todos os aspectos da experiência para que a bênção seja eficaz, inclusive a bênção de pessoas, lugares e coisas pelos quais você sente aversão e o enfurecem.

Abençoar os que testemunham o sofrimento: Essa é a parte da bênção mais fácil de negligenciar. Além da relação entre os que sofrem e os que causam o sofrimento, há os que observam e procuram compreender o que veem. Somos nós! Nós que não somos atingidos precisamos reconciliar o assassinato de civis e de crianças inocentes em tempos de guerra, a brutalidade contra as mulheres em muitas sociedades e as consequências de relacionamentos fracassados e de lares desfeitos.

Embora seja fácil esquecer-nos de nós mesmos diante do sofrimento alheio, é também a nossa reação — *os sentimentos que perduram* — que forma a mensagem que enviamos para a Mente de Deus depois de uma tragédia. Finalmente, é o modo como sentimos individual ou coletivamente que preenche o vazio na consciência depois de uma tragédia, em qualquer escala, desde a familiar até a global. Abençoe-nos em nosso testemunhar!

segredos de um modo antigo de rezar

Modelo de bênção

A chave para receber o presente da bênção é que ela deve ser dada.

Primeiro, encontre um lugar reservado onde ninguém possa ouvi-lo. Em seguida, simplesmente diga em voz alta o que segue:

- "Eu abençoo _____."
  [Diga o(s) nome(s) dos que estão sofrendo ou que sofreram.]

- "Eu abençoo _____."
  [Diga o(s) nome(s) de quem ou do que causou o sofrimento. Seja o mais específico possível.]

- "Eu abençoo a mim mesmo como testemunha."

Continue abençoando!

A minha experiência com o uso do modelo de bênção acima é que às vezes é preciso aplicá-lo uma ou duas vezes para que possa surtir efeito. A razão disso não é inesperada. Para sobreviver neste mundo, todos nós aprendemos a confinar habilmente os nossos sofrimentos no nosso íntimo. Às vezes somos tão eficientes em mascarar os sentimentos sobre as nossas experiências que *mesmo nós* esquecemos onde os escondemos. Por favor, não desanime se tiver a impressão de que a sua bênção não está dando resultado nas primeiras tentativas. Talvez sejam necessárias várias repetições para penetrar na casca que você construiu para se proteger.

Por isso, continue abençoando. Expresse a sua bênção em voz alta. Repita. Repita outra vez. Use nomes, organizações, pessoas e datas cada vez que identificar quem causou o sofrimento que você

O TERCEIRO SEGREDO

está abençoando. Quanto mais específico você for, mais livre o acesso que você cria para a memória do sofrimento preservada pelo corpo. Repita a bênção até sentir no seu corpo um aquecimento que se expande a partir da boca do estômago. À medida que você continua, o calor aumenta e se espalha por todo o corpo.

Não se surpreenda se você prorromper em lágrimas e soluços incontroláveis, pois é assim que a bênção liberta o nosso sofrimento e o dissipa. Quando a bênção se completa, o mundo parece diferente. Embora a causa do sofrimento persista, nós mudamos o modo como *nos sentimos* com relação a ele. Esse é o poder da bênção. É também o momento em que as palavras podem faltar-lhe — é algo que você precisa vivenciar pessoalmente para compreender.

Conheço pessoas que descobriram o poder da bênção e agora bendizem tudo o que a vista capta! Desde o corpo de animais esmagados que estão "dormindo" na beira das estradas até cada fato noticiado com imagens na tela da televisão, elas oferecem uma bênção em voz sussurrada várias vezes ao dia. Quando essas pessoas estão no meu carro e cruzamos com uma ambulância que vai ou volta de um hospital, ou mesmo quando alguém nos ultrapassa imprudentemente num trecho onde essa manobra é proibida numa estrada estreita da montanha, as bênçãos nelas são uma segunda natureza. É tão automático quanto dizer "saúde" quando brindamos. Não se surpreenda se descobrir que esses "atos casuais de bênção" começam a aparecer espontaneamente em sua vida!

Perguntei na última seção como podemos fazer orações positivas enquanto ainda estamos sob a influência de emoções negativas como dor, raiva, ódio e desejo de vingança. Um dos segredos das tradições de sabedoria é que a oração é mais eficaz quando nos preparamos como um ser inteiro — mente, corpo e espírito — para entrar numa conversa sagrada com a Mente de Deus. Se o Campo refletirá aquilo em que nos transformamos, então se tornará para

segredos de um modo antigo de rezar

nós mais importante do que nunca estar onde os nativos americanos chamam de "um bom lugar" quando rezamos para curar-nos do nosso sofrimento.

O antigo dom de bendizer prepara-nos para rezar num lugar de força e clareza, e não de fraqueza e incerteza. Embora as instruções possam ser úteis e interessantes, creio que às vezes os ensinamentos de sabedoria são transmitidos mais adequadamente como histórias. Quanto mais real for a história, mais o exemplo faz sentido. A história a seguir descreve a minha primeira experiência com a bênção numa época de perda pessoal. Embora ela possa empalidecer em comparação com os sofrimentos realmente "grandes" do mundo, foi a bênção que me ajudou a superar a perda de um amigo querido quando o fato aconteceu. Esse exemplo pode ajudar também você a lidar com as suas perdas.

A bênção na perda

Alguns dos meus relacionamentos mais envolventes foram com animais. Durante uma semana, no início dos anos 1990, eu estava ministrando um misto de seminário e retiro numa pousada no monte Shasta, Califórnia. Um gatinho preto que andava pela casa resolveu entrar no meu quarto e no meu coração, e não saiu mais.

O meu novo amigo havia nascido cinco semanas antes, de uma gata jovem que procriara pela primeira vez e não conseguia alimentar os filhotes. Quando os empregados da pousada descobriram o que havia acontecido, acharam que todos os gatinhos tinham morrido. Alguns dias depois, porém, aconteceu um pequeno milagre. A mamãe gato saiu do seu esconderijo carregando um montinho de ossos e pele que sobrevivera todo esse tempo sem comer! O pessoal começou imediatamente a alimentar o gatinho, na tentativa de restituir-lhe a saúde. Percebendo sua força mágica e vontade inabalável de sobreviver, eles o chamaram de Merlin.

Achando o meu quarto naquela noite, Merlin miou e ronronou na porta até que cedi ao meu impulso de cuidar de cada animal do planeta e o deixei entrar. Durante a semana do programa ele dormiu comigo todas as noites e se sentou comigo todas as manhãs enquanto eu tomava café no quarto. Equilibrado na borda da pia do banheiro, ele me observava fazer a barba e caminhava pelos meus diapositivos de 35 mm (numa época *anterior* ao PowerPoint!), enquanto eu os preparava para o dia seguinte. Todas as manhãs ele ficava na beirada da banheira enquanto eu tomava banho, apanhando com a boca gotas de água que saltavam do meu corpo. Depois de uma semana, Merlin e eu éramos bons amigos, e eu me vi totalmente apegado ao pequeno milagre cheio de vontade de viver.

Por uma série de sincronicidades que ocorreram em seguida, Merlin e eu fizemos uma longa viagem até minha casa no deserto do norte do Novo México. Ele logo se tornou a minha "família", e nos três anos seguintes esteve comigo todas as noites enquanto eu preparava o jantar, e cochilava ao lado do meu antigo computador Apple enquanto eu escrevia o meu primeiro livro.

Certa noite, Merlin saiu, como fazia habitualmente naquele horário, e eu nunca mais o vi. Era o verão de 1994, na semana em que um cometa enorme colidiu com Júpiter. Inicialmente pensei que ele saíra para dar uma volta e explorar o ambiente, como os gatos às vezes fazem, e que logo voltaria. Talvez ele se orientasse pelo deserto acompanhando as linhas magnéticas da Terra, como fazem os pássaros e as baleias — os mesmos campos que foram perturbados pelo estranho efeito de Júpiter sobre os campos magnéticos da Terra. Esses poderiam ter sofrido alterações e levado Merlin para outro lugar qualquer. Ou pode ter sido por centenas de outros motivos. O fato era que Merlin desaparecera.

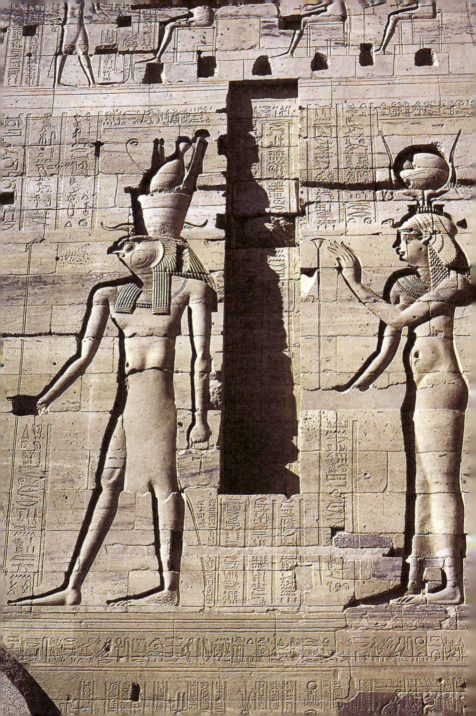

Passados dois dias, comecei a procurá-lo. Não atendi chamadas telefônicas e não fiz absolutamente nada durante quase uma semana em que vasculhei os campos de Taos, Novo México. Teria ele caído numa das armadilhas que os fazendeiros armavam para os coiotes que caçavam as suas ovelhas? Talvez estivesse preso num antigo edifício ou num poço sem conseguir sair. Durante dias procurei em ninhos de corujas e examinei cada toca de texugo e esconderijo de coiote que pude encontrar. Por fim, parei de procurar Merlin e comecei a buscar vestígios dele: sua pele ou sua coleira. Todos os meus esforços foram inúteis.

Certa manhã, ainda na cama logo antes do nascer do sol, meio sonhando meio acordado, pedi simplesmente um sinal. Eu precisava saber o que havia acontecido com o meu amigo. Antes mesmo de concluir o pedido em minha mente, aconteceu algo que jamais ocorrera antes e nunca voltou a se repetir desde então. Do sótão da minha casa, ouvi um som que vinha de fora, depois outro, e mais outro. Em segundos, vindo de todas as direções, envolvendo totalmente a propriedade, ouvi o uivo inconfundível de coiotes — mais do que já ouvira em todos os anos em que residia naquele local.

Durante o que pareceram minutos, eles uivaram e ganiram até que, tão repentinamente como haviam começado, silenciaram. As lágrimas corriam-me dos olhos enquanto eu dizia em voz alta, "Acho que Merlin não está mais comigo". Nesse momento, vi o que acontecera com o meu amigo. Eu sabia que os coiotes o haviam apanhado e que eu nunca mais o veria.

Mais tarde no mesmo dia, comecei a ver coiotes por toda a propriedade — em plena luz do dia! Eu certamente os vira no passado, mas antes eles sempre haviam aparecido depois do pôr do sol ou pouco antes do amanhecer. Nesse dia, eles estavam por toda parte — sozinhos, em grupos de dois ou três, filhotes com as famílias, todos vagueando pelos campos.

segredos de um modo antigo de rezar

Eis o motivo por que contei essa história. A perda de Merlin me fez sofrer. Na minha dor, eu poderia ter perseguido cada coiote, um a um, pensando "foi esse" que pegou o meu amigo. Eu poderia ter me empoleirado no alto de um celeiro com um rifle nas mãos e vingado a morte de Merlin até não deixar mais nenhum coiote em todo o vale. Eu poderia ter feito tudo isso... e nada teria mudado. Merlin continuaria desaparecido. Eu não estava indignado com os coiotes; eu apenas sentia falta do meu amigo. Sentia falta de sua personalidade e dos sons engraçados que fazia quando tocaiava "caça grossa" como as mariposas na porta de tela à noite. Eu sentia falta do jeito como ele me olhava de cabeça para baixo, deitado no frio assoalho de ladrilhos no verão.

Naquela tarde comecei a dirigir pela estrada de saibro poeirenta que serpenteia pelo vale e cheguei à rodovia principal. Foi nessa ocasião que tive a minha primeira experiência de bênção. Subindo o vidro para que ninguém pudesse me ouvir (não havia ninguém a quilômetros de distância, de qualquer modo!), abençoei Merlin em sua passagem, agradecendo-lhe toda a alegria que ele trouxera para a minha vida. Essa foi a parte fácil. Em seguida comecei a abençoar os coiotes, especialmente aqueles que lhe tiraram a vida. Em poucos instantes comecei realmente a sentir uma espécie de estranha afinidade com eles. Eu soube que o que acontecera não era um ato intencional para me fazer sofrer. Eles simplesmente fizeram o que coiotes fazem. Abençoei a mim mesmo na tentativa de compreender por que a natureza às vezes parece tão cruel.

No início nada parecia acontecer. Eu sentia tanto a perda que não conseguia deixar a bênção "entrar". Depois de algumas repetições, porém, a mudança começou. A sensação começou como um calor no estômago que foi se intensificando à medida que se espalhava por todo o corpo. Com os olhos cheios de lágrimas, comecei a soluçar convulsivamente. Dirigi para o acostamento e fiz todo o possível para abençoar até esgotar todas as minhas energias. Eu soube que, por aquele dia, a bênção estava completa.

O interessante com relação ao ato de abençoar é que o mundo não muda; nós é que mudamos! Em nossa disposição de conhecer e liberar o que nos causou sofrimento, o mundo parece diferente e nós nos tornamos pessoas mais fortes, mais saudáveis.

Curiosamente, depois da paz que celebrei com os coiotes naquele dia, embora eu os ouça à noite, nunca mais vi um deles sequer cruzar os limites da nossa propriedade. Entretanto, no ano passado, vi outro gato de uma raça diferente: meu primeiro leão da montanha vivo. Ela passou por baixo da cerca e chegou ao meu quintal!

Quando afastar-se não é suficiente

Embora a história de Merlin possa parecer um exemplo insignificante, eu o ofereço porque é real e profundamente pessoal. O princípio do abençoar que descrevi para Merlin produz efeitos com relação a qualquer sofrimento que você possa sentir, seja em âmbito local ou global. Tive recentemente a oportunidade de testar o poder da bênção por ocasião de um dos atos mais chocantes e horrendos que testemunhei como adulto. Como anteriormente, ela foi o recurso que me permitiu manter a fé no mundo e me deu energia para prometer fazer deste mundo um lugar melhor do que este em que vivemos hoje.

Senti o meu corpo ficar tenso em resposta ao que eu ouvira. Um civil americano que trabalhava no Iraque acabara de ser executado — a cabeça decepada — e jogado à beira da estrada, sem nenhuma

segredos de um modo antigo de rezar

dignidade ou respeito que merece a vida humana em qualquer lugar do mundo.

Eu estava na Europa, numa viagem para divulgar um livro, quando a CNN Internacional noticiou o brutal assassinato. O âncora do jornal comentou que, embora as agências noticiosas em outras partes do mundo estivessem mostrando o vídeo e as fotografias para documentar o crime, a CNN optara por não fazê-lo. Em lugar das imagens reais, o repórter fez um relato detalhado do que *ele* tinha visto no vídeo. Como sou uma pessoa muito visual, para mim essa escolha talvez tenha sido ainda pior do que as próprias fotos. Enquanto eu ouvia a descrição verbal dos últimos segundos da vida desse homem, as imagens que se formavam na minha mente me deixavam profundamente perturbado, com a sensação de irrealidade que normalmente acompanha notícias que chocam a nossa sensibilidade.

Uma das lições que aprendi com as desumanas execuções no Iraque, como também com as imagens que documentam guerras de qualquer época da história, é que o sofrimento e a perda intencional de vidas jamais podem ser "compreendidos" realmente no sentido dicionarizado da palavra. É inútil pessoas racionais e amorosas sequer tentarem compreender as atrocidades que acompanham tais atos de guerra. Para isso, teríamos de nos colocar no lugar dos que estão no campo de batalha e pensar como eles pensam. Ao mesmo tempo, esses eventos passaram a fazer parte do nosso mundo. Eles são uma realidade que vem acontecendo.

Sempre que pergunto à plateia quantas pessoas mudaram seus hábitos de assistir aos noticiários, o número de mãos erguidas é revelador. Em cada plateia, sem exceção, é cada vez maior o número de pessoas que afirmam assistir menos às notícias ou que abandonaram definitivamente esse hábito. Em resposta à minha pergunta seguinte — por quê? —, elas dizem que é tudo muito deprimente e doloroso. Não querem mais que elas mesmas e suas famílias sejam bombardeadas por imagens de crueldade e sofrimento e pela sensação de que não há nada que possam fazer para mudar as coisas.

Embora evitar as investidas diárias do terror nos noticiários possa propiciar uma trégua, na melhor das hipóteses ela é de curta duração. Acredite, eu tentei! Descobri que, apesar de ser fácil mergulhar nas rotinas diárias da vida rural numa pequena comunidade, de uma forma ou outra as informações sempre chegam a nós. Os acontecimentos do mundo continuam. Num determinado momento, detalhes de "grandes" notícias chegam velozes na forma de perguntas como "Você ouviu...?" Por meio da comunicação verbal, de um artigo de revista ou das manchetes de um jornal, de repente temos de encarar exatamente as situações que esperávamos evitar.

Quando nos deparamos com situações assim, o que podemos fazer? Simplesmente desviar a atenção não é a resposta. Embora não possamos mudar o que a vida nos apresenta, precisamos descobrir onde os fatos se "encaixam" para poder continuar.

Quer sintamos o sofrimento do mundo ou a dor causada pela perda de pequenas coisas que amamos, o poder da bênção opera do mesmo modo. Vivi as minhas maiores experiências de bênção em momentos de perda. Da morte repentina do meu pai e da nossa relação não resolvida, ao fim de dois casamentos e à traição da confiança por parte dos que me eram mais próximos, posso partilhar o processo da bênção de um lugar de convicção, porque sei que ela é eficaz.

A minha oração é que ela traga resultados positivos também para você e se torne uma amiga em tempos de necessidade.

Capítulo Quatro

O QUARTO SEGREDO:
A BELEZA TRANSFORMA

A beleza é a eternidade contemplando a si mesma num espelho.
Mas tu és a eternidade e tu és o espelho.
— Khalil Gibran

A BELEZA PODE SER UMA DAS EXPERIÊNCIAS HUMANAS MENOS COMPREENDIDAS, PORÉM É A MAIS INTENSA. DESDE OS PRIMÓRDIOS DA HISTÓRIA CONHECIDA, ESTIVEMOS PARTICIPANDO DE UMA LONGA, ESTRANHA E ÀS VEZES PERIGOSA DANÇA COM ESSA FORÇA MISTERIOSA. RELATOS ANTIGOS DAS NOSSAS TRADIÇÕES MAIS VENERANDAS ATRIBUEM A QUEDA DE ANJOS DO CÉU À INCAPACIDADE DELES DE RESISTIR À BELEZA DAS MULHERES RECÉM-CRIADAS DA NOSSA ESPÉCIE, AS "FILHAS DO HOMEM".

segredos de um modo antigo de rezar

Podemos ver na Bíblia que o profeta Enoque, uma das pedras angulares da primitiva igreja cristã, revela a identidade dos "principais" anjos, líderes de duzentos outros que não conseguiram resistir à beleza da mulher terrestre.[1] Com nomes como Samiaza, Ramuel e Turiel, esses "perfeitos" sabiam que coabitar com mulheres mortais significava violar as regras do cosmos. Para eles, porém, a experiência sensual que almejavam excedia o risco de perder a imortalidade. Nas tradições bíblicas posteriores, foi a beleza de uma mulher, Dalila, que levou ao amor, à confiança, à traição e finalmente à morte de Sansão, um dos homens mais fortes da Terra.

A História é a história da nossa relação com a beleza: seu poder e fascinação, as distâncias que percorremos no seu encalço, o nosso anseio de alcançá-la, as tentativas de apanhá-la e a crença de que podemos de algum modo dominá-la. No decorrer de todo esse tempo estivemos sendo sempre pressionados para definir a qualidade mais elusiva da experiência humana. O que é beleza, exatamente?

O mistério da beleza

A beleza tem significados diferentes para pessoas diferentes. Quando pedimos que a definam, quase sempre a resposta se baseia na experiência pessoal — o que ela significa para elas na sua vida. Para um cientista, a beleza pode apresentar-se na forma de uma solução elegante para uma equação matemática. Um fotógrafo, por sua vez, pode ver beleza no surpreendente contraste entre luz e sombras num enquadramento. Albert Einstein via a beleza como expressão de uma ordem superior na criação, afirmando, por exemplo, "A música de Mozart é tão pura e bela que a vejo como um reflexo da beleza interior do universo".

É evidente que a experiência de cada pessoa com a beleza é singular e única. Por isso, há tantas definições para a experiência da beleza quantas são as pessoas que a vivem! Seja qual for a definição que lhe demos — como força, experiência, qualidade, julgamento ou percepção — o poder da beleza é real. Na presença dela, nós mudamos. Embora seja evidente que podemos não saber exatamente *o que* ela é, também é evidente que podemos aplicar o que *sabemos* sobre o poder da beleza para curar o sofrimento, a dor e o medo na nossa vida.

Se, como as antigas tradições sustentavam, a beleza é uma força em si mesma, ela talvez seja a mais estranha das forças da natureza. Diferentemente da gravidade e do eletromagnetismo, que podem existir conosco ou sem nós, o poder da beleza parece estar dormente até lhe darmos atenção. Embora ela possa muito bem ter o poder de mudar o mundo, esse poder está adormecido até que o despertemos. E nós somos os únicos que podem despertá-lo! Como a única forma de vida com o poder de experimentar a beleza, ele só é despertado quando o reconhecemos na nossa vida.

Dessa perspectiva, a beleza é mais do que as coisas agradáveis aos nossos olhos. Ela é uma *experiência* do coração, da mente e da alma. A beleza vem da nossa disposição de ver a perfeição no que em geral chamamos de "imperfeições" da vida. Embora a traição da confiança, por exemplo, possa nos decepcionar inicialmente, parte da decepção pode desaparecer quando consideramos que também nós podemos ter traído outras pessoas, de maneira diferente, em outros tempos. A "beleza" nesse caso está na compensação dessas experiências que voltam para nós, às vezes das maneiras mais imprevisíveis.

Para encontrar a beleza em cada experiência, talvez o nosso papel seja menos o de criá-la do que o de tomar consciência de que ela já está aí. A beleza está sempre presente em todas as coisas. Podemos encontrá-la inclusive em lugares onde acreditamos que ela jamais poderia estar.

segredos de um modo antigo de rezar

Nos momentos em que descemos às profundezas da alma em busca de forças para dar novo sentido às coisas que mais nos fazem sofrer, descobrimos a imensa sabedoria transmitida pelos antigos mestres. Essa sabedoria nos lembra simplesmente de que a capacidade de enxergar a beleza é uma escolha. A escolha que se nos apresenta em cada momento de cada dia é ater-nos exclusivamente ao que temos diante de nós no momento, por seus próprios méritos, sem comparar uma experiência com outra. É assim que plantamos as sementes na nossa consciência que se tornam os ímãs que atraem mais beleza para a nossa vida.

Quando comparamos a nossa experiência real com uma ideia do que acreditamos que a beleza *deveria* ser, acabamos vendo tudo o que conseguimos imaginar, menos a beleza do momento.

A tradição dos navajos lembra-nos esse princípio numa frase simples: "A beleza em que baseias a tua vida".[2] Criamos, cada um de nós, o nosso próprio padrão, e com ele mensuramos a beleza na nossa vida. A questão é, o que você usa como padrão para medir o equilíbrio, o sucesso e o fracasso na sua vida? Qual é seu termo de comparação para a beleza?

A beleza está onde a colocamos!

No início, era quase imperceptível. Andando com o nosso grupo numa praça do distrito histórico de Katmandu, eu me habituara com os encontrões e cotoveladas que sempre acontecem em espaços apinhados. Para acostumar o corpo às altitudes do Tibete, havíamos programado uma parada de 48 horas no interior do Nepal, num lugar situado a cerca de 1.200 metros acima do nível do mar. Além de preparar-nos para o planalto tibetano, isso nos daria tempo para mergulhar nas tradições em torno de antigos templos hindus. Eu poderia ter facilmente ignorado o puxão que senti na barra das minhas calças de algodão. Por ser intencional, porém, dei-lhe atenção.

Olhei instintivamente para baixo, procurando a origem do apelo. Eu não estava preparado para o que vi. Meus olhos encontraram o olhar intenso de um homem cujo rosto com barba rala mal passava dos meus joelhos. Ele parecia ao mesmo tempo intemporal e antigo, enquanto o vento quente ondulava seus longos e emaranhados fios de cabelo que se misturavam com os tufos prateados da barba. A cinza branca que tradicionalmente cobre o corpo de um homem santo hindu grudara na umidade da sua pele, formando pequenas manchas. Por baixo estava um corpo negro, marcado e deformado, escurecido ainda mais por anos de exposição ao sol escaldante das alturas.

Precisei de alguns instantes para entender o que os meus olhos viam. Ao procurar abaixo da cintura o lugar onde as pernas do homem *deveriam* estar, tudo o que vi foi a dobra solta de uma tanga suja arrastando no chão. No lugar das pernas havia um pedaço de tábua com rodinhas presas no lado de baixo. Encardida por anos de uso, a tábua rolante parecia ser seu único meio de locomoção.

Assustado, dei um passo para trás. Sem desviar os olhos dos meus, o homem colocou lentamente as duas mãos no chão, manteve o equilíbrio sobre a prancha, e empurrou-se habilmente na minha direção. Olhei ao redor para ver se alguém mais havia percebido o que eu via. Todos à minha volta pareciam totalmente alheios ao que estava acontecendo ali, ao lado deles!

A visão da pobreza devastadora se tornara comum no decorrer da nossa viagem, e a primeira coisa que me ocorreu foi que o homem era um "mendigo" pedindo esmola. O ato de mendigar é um procedimento aceitável em muitas tradições religiosas para as pessoas que se desvencilharam dos embaraços de casas, profissões e famílias para se dedicar à oração. Quando pus a mão no bolso à procura de algu-

segredos de um modo antigo de rezar

ma coisa, o homem se virou e apontou para o telhado de um antigo templo no lado oposto da praça.

Acompanhando o gesto, vi-me diante da mais bela fachada de madeira de um antigo templo hindu. Parcialmente escondida atrás de outras construções, ela era totalmente recoberta com estatuetas intricadamente detalhadas de milhares de deuses e deusas da tradição hindu. Se o homem coberto de cinzas não me tivesse mostrado, eu a teria perdido completamente. Como eu soube mais tarde, ela também guardava um elemento essencial para a compreensão da fé hinduísta.

Quando eu quis entregar-lhe as cédulas, ele gesticulou com as mãos como se estivesse espantando uma mosca, acenando para que eu pusesse o dinheiro de volta no bolso — ele não estava interessado em dinheiro! Virei-me por um instante, a tempo de ver o nosso tradutor conduzindo o grupo em outra direção. Voltando-me novamente, percebi que o homem da prancha havia desaparecido. Procurando entre a multidão à minha frente, vi-o de relance no momento em que passava pelas pedras quentes do calçamento e se perdia entre a massa de turistas. Nunca mais tornei a vê-lo.

Conto essa história para ilustrar um ponto. Como o homem me pareceu muito diferente, eu fiz um julgamento sobre ele e sobre quem ele era. Do seu corpo contorcido e desgastado, foi a beleza do seu espírito que sobressaiu naquele dia. Em vez de uma esmola, ele simplesmente queria partilhar alguma coisa comigo. Ele me mostrou uma parte do seu mundo que de outra maneira eu não teria visto, e ao fazer isso deu-me uma lição sobre o meu julgamento. Demonstrou também que a beleza só se revela quando lhe damos condições para isso.

É interessante como o universo nos traz lições quando menos as esperamos! Em geral, parece que elas chegam logo depois de passar-

segredos de um modo antigo de rezar

mos por experiências intensas, como a testar-nos para ver se realmente aprendemos! Foi isso o que aconteceu no Tibete.

Poucos dias depois dessa ocorrência em Katmandu, o nosso ônibus entrou numa aldeia nas montanhas e estacionou num antigo quartel militar que havia sido transformado em alojamento para viajantes. Um homem encurvado, de aspecto envelhecido, subiu no ônibus assim que paramos e pegou todos nós um tanto de surpresa. Observando-o, podíamos ver claramente que ele era velho, tinha apenas dois ou três dentes e os olhos eram fortemente estrábicos. No começo pensamos que poderia ser outro mendigo das ruas. Mas quando alguém do grupo lhe ofereceu alguns iuanes chineses (moeda corrente local), ele recusou. Em vez disso, começou a retirar as malas mais pesadas de dentro do ônibus para nos poupar essa tarefa.

Quando ele terminou de colocar cuidadosamente a última mala na calçada diante do alojamento, eu quis dar-lhe uma gratificação. Ele certamente havia merecido! As nossas malas pareciam ficar maiores e mais pesadas a cada cidade que visitávamos. Ele recusou novamente. Erguendo os olhos, abriu um sorriso enorme, virou-se e foi embora. Pronto! Tudo o que ele queria era que ficássemos satisfeitos com a sua aldeia e aproveitássemos o que ela tinha a oferecer. Não esperava nada em troca.

A verdadeira surpresa aconteceu quando perguntei ao proprietário do albergue a respeito do funcionário que fora tão gentil. Ele informou que não havia empregados para ajudar com as malas. Esse homem era simplesmente alguém das ruas que casualmente estava na pousada quando chegamos e se ofereceu para ajudar.

Novamente, a perfeição da beleza interior resplandeceu através das "imperfeições" desse homem e dos nossos julgamentos. Ele ofereceu um serviço amoroso, não pedindo nada em troca. Dessa vez,

O QUARTO SEGREDO

porém, todo o grupo teve a oportunidade de testemunhar o presente desse anjo no Tibete.

Todos nós tendemos a reconhecer os caprichos da vida de vez em quando, especialmente nos outros, quando cruzam o nosso caminho. Se por acaso os vemos quando estamos sozinhos, podemos apenas dar uma olhada, sacudir os ombros e seguir adiante. Mas se estamos com outras pessoas, podemos fazer um breve comentário sobre o que vemos para amenizar os sentimentos embaraçosos sobre as esquisitices de outras pessoas. Então, embora possamos reconhecer as "imperfeições", a pergunta é — tendemos a julgar qualquer coisa que seja menos do que perfeita e menos do que bela?

Certo dia, eu estava parado num semáforo, num carro alugado, numa grande cidade onde todo tipo, forma e estilo de ser humano que você possa imaginar passava na rua. Fiquei totalmente cercado por pessoas durante a pequena eternidade que esperei até o sinal abrir. Nesse tempo, tive minha própria revisão particular de vida: todos os novos estilos de corte de cabelo, do coletivo dos anos 1990 ao retrô dos anos 1960; arte corporal e *piercing*; ternos executivos; pastas; celulares, e os últimos acessórios para skate. Quem poderia querer mais diversidade concentrada num único lugar? Embora todos fossem bastante interessantes, um homem em particular chamou a minha atenção.

Ele apresentava um distúrbio neuromuscular evidente que lhe dificultava controlar os braços e as pernas. Vestia um terno executivo, carregando uma mochila, e parecia estar indo, ou saindo, de um escritório. Enquanto ele esperava o semáforo abrir, a espera parecia ser tudo o que ele podia fazer para manter o corpo sob controle e simplesmente ficar no mesmo lugar. Quando o sinal abriu, ele e todas as pessoas à sua volta cruzaram a rua. Como não acredito em acasos na vida, aproveitei a oportunidade da passagem desse homem bem na minha frente para observar-lhe o rosto. Os trejeitos da boca

segredos de um modo antigo de rezar

revelavam o esforço difícil e intencional que precisava fazer para completar cada passo. Os olhos eram focados e determinados. Para ele, apenas caminhar já era *trabalho,* e ele trabalhava duro!

Quando ele desapareceu em meio à multidão no outro lado da rua, um sentimento de gratidão tomou conta de mim. Procurei imaginar como teria sido se esse homem não tivesse passado por ali nesse dia. Nesse instante, senti falta dele. Pensei no que ele me oferecera naqueles poucos segundos, a coragem que demonstrara com a sua determinação de se expor no mundo. Pensei como teriam sido vazios esses momentos da minha vida se ele não tivesse estado lá. Mas ele estivera. E com sua presença, aquele homem corajoso trouxe beleza ao meu dia. Algumas lágrimas brotaram nos meus olhos enquanto eu agradecia a presença dele e dizia para mim mesmo, *Como tenho sorte por ter visto esse homem hoje.*

Convite para você mesmo fazer isso

Na próxima vez em que você estiver num lugar público, olhe discretamente para a multidão à sua volta. Observe uma pessoa — qualquer uma. Pergunte-se o que nessa pessoa o toca mais profundamente. Pode ser a inocência ou o sorriso dela. Como aconteceu com o homem que eu vi quando estava naquele carro alugado, talvez seja algo tão simples quanto o modo como esse indivíduo lida com os desafios da vida.

Em seguida feche os olhos e imagine como seria o seu dia se você não soubesse que essa pessoa esteve no seu mundo. Pense como esse momento teria sido vazio e como você sentiria falta dela.

Você pode se surpreender com o impacto que um exercício tão simples, tão breve, pode exercer! Sinta-se profundamente agradecido e agradeça à presença da pessoa nesse momento e o que ela lhe ensinou sobre você mesmo.

Como escolhemos ver

Além da beleza inspirada por um pôr do sol, pelo topo de uma montanha coberto de neve ou pelo trabalho de um artista preferido, há fontes de beleza que emanam simplesmente do significado que damos à nossa experiência. Nesses casos, é o modo como vemos a vida que cria *a sensação de beleza* dentro de nós. O nascimento de um ser humano é um exemplo perfeito dessa verdade.

Testemunhar a chegada de uma nova vida neste mundo é uma experiência mística e mágica para todos. Conhecer o resultado do trabalho de parto de uma mulher, porém, altera o que sentimos sobre o que vemos. Por apenas um momento, no entanto, se pudermos imaginar-nos chegando na Terra vindos de um mundo onde o milagre do nascimento é uma experiência desconhecida, testemunhar o processo inteiro poderá ser perturbador, assustador até!

Sem o conhecimento prévio de que "é assim que se faz nesta terra", para todos os efeitos, ao testemunhar o parto de uma nova vida, veríamos muitos dos mesmos sinais que acompanham a perda da vida no mundo. Num nascimento ocidental típico, começaríamos vendo uma mulher com muitas dores. Seu rosto mostraria contorções que se intensificariam com a proximidade da expulsão do feto. Sangue e água escorreriam do seu corpo.

Como saberíamos que dos sinais externos de dor, que às vezes são sinônimos de morte, surgiria uma nova vida? Tudo é uma questão do sentido que damos à nossa experiência.

Uma beleza estranha

O céu estava em chamas naquela noite. A rádio local mantinha uma programação de emergência, informando sobre estradas fechadas e procedimentos de evacuação, e transmitindo comunicados de

hora em hora sobre o avanço do fogo. Durante dois dias, e agora duas noites, as florestas limítrofes com o deserto do centro-norte do Novo México queimavam com um fogo tão ardente que criava seus próprios ventos internos. Estes se aproximavam cada vez mais do *pueblo* mais antigo e continuamente habitado da América do Norte, o Taos Pueblo.

Aproximando-me da cidade, uma densa névoa pendia suspensa no ar quente e pesado que ficara preso no vale. Dois dias antes, durante uma trovoada à tarde, um raio atingira os galhos e a vegetação seca do chão da floresta. Em instantes, as encostas acima de Taos estavam em chamas, e o fogo espalhava-se em velocidade perigosa na direção dos povoados situados no sopé da montanha.

Embora eu soubesse que a tarde chegava ao seu final, era impossível dizer a hora do dia pelo crepúsculo sombrio que cobria a região. Na segurança do meu carro, eu não conseguia tirar os olhos do cenário que exigia a minha atenção na estrada. O clarão das chamas lançava um brilho incomum nas nuvens baixas, banhando tudo abaixo com tonalidades intensas e penetrantes de vermelho, rosa e laranja. Olhando o dorso das minhas mãos, ainda presas ao volante, percebi que as cores no céu eram tão fortes e ricas que mesmo o azulado das veias assumira as belas cores do fulgor.

Imerso na experiência, por um instante apenas, eu *senti o que estava vendo* sem pensar nas consequências devastadoras que certamente resultariam quando o incêndio varresse as encostas. Contemplei a estranha beleza do fogo e fiquei maravilhado, *Essas são as cores que há séculos os artistas tentam capturar em suas telas, e aqui elas estão pintadas através do céu como jamais poderiam ser reproduzidas por um ser humano. Quanta beleza... beleza absoluta!*

De repente, o tom da voz do locutor passou da calma da transmissão de informações para a urgência da comunicação de novos acontecimentos: "Os ventos mudaram, e o fogo pode seguir em uma

segredos de um modo antigo de rezar

de duas direções. Ou ele continuará a consumir o vale na direção das residências no outro lado da montanha, ou virá na nossa direção, para a cidade de Taos. Alertamos as pessoas da região leste da cidade para se prepararem para uma possível evacuação".

A região leste da cidade?! É onde me encontro agora! Nesse momento, o fogo assumiu de imediato uma aparência totalmente diferente para mim.

Na fração de tempo suficiente para ouvir uma frase curta, o incêndio passou de objeto de reverência e beleza a ameaça, na medida em que eu agora percebia que ele punha em risco a vida de pessoas, cavalos, gado e outros animais que estavam no seu caminho. Isso era absolutamente aterrorizante! Comecei a pensar em toda a vida selvagem que normalmente fica encurralada em meio ao fogo devorador. Todos conhecemos histórias de corpos carbonizados de cervos, alces e habitantes menores da floresta que ficam desorientados com o caos que resulta do estalar das chamas, dos ventos quentes, do calor e da fumaça, e se perdem. Temos também histórias de bombeiros que, ao arriscar-se para salvar a vida e a propriedade de outras pessoas, de repente ficam cercados pelas chamas quando um incêndio altera inesperadamente o seu curso e bloqueia as rotas de saída.

Narro essa história por uma razão mais profunda do que simplesmente reverenciar a memória de todos os que trabalharam com tanta bravura e empenho para debelar o incêndio em Taos Pueblo em 2003.[3] Para mim, esse incêndio reforçou um princípio que muitas tradições antigas e indígenas consideram como sagradas há séculos. Durante o tempo em que observei as chamas, o fogo em si não mudou. Ele continuava sendo o mesmo fogo que eu vira momentos antes, queimando abrasador, selvagem e livre. *Eu é que mudei.* Especificamente, mudei a minha atitude com relação ao fogo. Num momento, vi as chamas como fonte de fascinação e beleza surpreendente. Poucos segundos depois, as mesmas chamas se tornaram fonte de ansiedade, e com toda a honestidade, de um grau não pequeno de medo! Se eu não ficasse sabendo que as labaredas que se projetavam no céu acima das copas das árvores ameaçavam casas e vidas, com toda probabilidade elas continuariam sendo um espetáculo de beleza. Mas a compreensão do que estava acontecendo mudou o meu modo de sentir o que eu via.

Muitas pessoas relataram experiências semelhantes ao assistir às imagens televisivas do acidente com o ônibus espacial Challenger ocorrido no leste da Flórida em 1986. Até entender o que estavam assistindo naquele dia, os espectadores viam nuvens brancas expandindo-se em grandes blocos sobre o Cabo Canaveral, contrastando com o azul escuro do céu do sul da Flórida como um belo espetáculo de fascinante tecnologia. Ao saber que alguma coisa dera terrivelmente errado, porém, e que toda a tripulação perdera a vida, as espessas nuvens brancas perderam sua beleza e se tornaram o símbolo sempre presente da dor e da perda de uma nação.

O princípio é este: embora não tenhamos o poder de determinar *o que* acontece a cada momento, temos o poder de determinar os nossos sentimentos *com relação* ao que acontece. Temos assim os meios para transformar até as experiências mais dolorosas numa sabedoria voltada para a vida que se torna a base da nossa cura. No período de uns breves segundos, enquanto observava o incêndio em Taos, eu mudara a minha experiência simplesmente modificando o modo como me sentia com relação a ela.

O poder da beleza

Descobertas recentes na ciência ocidental somam-se atualmente a um conjunto cada vez maior de evidências segundo as quais a beleza é um poder transformador. Muito mais do que apenas um adjetivo que descreve as cores de um pôr do sol ou de um arco-íris depois de

segredos de um modo antigo de rezar

uma chuva de verão, a beleza é uma experiência — especificamente, *a beleza é _nossa_ experiência*. Acredita-se que os seres humanos sejam a única espécie de vida sobre a Terra que tem a capacidade de perceber a beleza no mundo ao seu redor e nas experiências da sua vida. Por meio da experiência de beleza, recebemos o poder de mudar os sentimentos que temos no corpo. Os sentimentos, por sua vez, estão diretamente ligados ao mundo que está além do corpo.

Os antigos acreditavam que o sentimento — *especialmente a forma de sentimento que chamamos de "oração"* — é a força mais poderosa no universo. Como já vimos, sentimento e oração de fato influenciam diretamente a matéria física do nosso mundo. Assim, quando dizemos que a beleza tem o poder de mudar a nossa vida, não é exagero dizer que a mesma beleza também tem o poder de mudar o nosso mundo!

Para isso precisamos descobrir um modo de ver além da dor, do sofrimento e da aflição que o mundo está nos mostrando, e reconhecer a beleza que já existe em todas as coisas. Somente então liberaremos o potencial e o poder da oração na nossa vida.

Encontrar beleza onde outros não encontram

Para ajudar-nos na nossa busca da compreensão das coisas, grandes mestres do passado, e também do presente, nos atraem e entusiasmam como exemplos vivos. Alguns anos atrás, o mundo perdeu um desses mestres: Madre Teresa. "Mãe", como os que estavam próximos dessa grande mulher a chamavam, andava pelas ruas próximas da sua residência em Calcutá, na Índia, e encontrava beleza onde poucas pessoas acreditavam que ela pudesse existir. Entre a sujeira do lixo e o monturo das sarjetas, entre o mau cheiro e a decomposição de restos de alimentos e de carcaças impossíveis de identificar nos becos, ela conseguia ver um amontoado de esterco no meio da

O QUARTO SEGREDO

rua. Nesse esterco ela identificava o botão de uma flor. Nessa flor ela via vida, e nessa vida encontrava a beleza nas ruas da cidade.

Sem explicações, sem racionalizações e sem justificativas, mestres como Madre Teresa acreditam que a beleza simplesmente existe. Ela já está aí. Está em todo lugar e sempre presente. A nossa missão é encontrar essa beleza. A vida é a nossa oportunidade de procurá-la e de fazer com que a beleza que descobrimos em todas as coisas — desde os sofrimentos mais profundos até as maiores alegrias — se torne o padrão ao qual confiamos a nossa vida e nós mesmos.

Com sua vontade pura e determinação, Madre Teresa aplicou a elegância simples das suas crenças à vida e mudou para sempre o antigo estigma atribuído aos chamados intocáveis, as pessoas doentes e moribundas das ruas da Índia. Sem julgá-las "menos do que" qualquer outra pessoa, ela e as suas Irmãs de Caridade voluntárias saíam todos os dias à procura daqueles que elas chamavam de "filhos de Deus". Historicamente evitadas pela sociedade indiana, e às vezes pela própria família, essas pessoas eram levadas aos hospitais fundados pelas irmãs para lá receberem dignidade e privacidade em suas últimas horas na Terra.

As irmãs continuam sua missão até os dias de hoje. Fiz questão de visitar as suas instalações e encontrei mulheres desempenhando um trabalho de rara nobreza que poucas pessoas têm disposição ou força emocional para imitar. Elas são verdadeiros anjos que andam neste mundo. Penso frequentemente nas irmãs e em Madre Teresa, e sei que se elas conseguem encontrar beleza nas ruas de Calcutá, eu posso reconhecer a beleza que existe em qualquer lugar em que eu possa me encontrar.

Esse é o poder da beleza. A aplicação é clara; as instruções são precisas. A beleza que testemunhamos na nossa vida é o modelo do que se reflete no nosso mundo. Na nossa era tecnológica de circuitos miniaturizados e de aparelhos computadorizados para ferver a nossa água, pode ser muito fácil negligenciar o poder que a beleza oferece à nossa vida. No contexto da compreensão quântica de um mundo em que as nossas crenças interiores se tornam o nosso mundo externo, que tecnologia poderia ser mais simples ou mais poderosa?

Capítulo Cinco

O QUINTO SEGREDO:
ORAÇÕES PESSOAIS

Num dia de bons ventos, basta abrir a vela e ver
o mundo cheio de beleza. Esse dia é hoje.
— Rumi

A ORAÇÃO É A LINGUAGEM DE DEUS E DOS ANJOS. DA SABEDORIA PRESERVADA NOS MANUSCRITOS DO MAR MORTO ÀS PRÁTICAS NATIVAS QUE SOBREVIVERAM ATÉ OS DIAS ATUAIS, A ORAÇÃO É UNIVERSALMENTE DESCRITA COMO UMA LINGUAGEM MÍSTICA QUE TEM O PODER DE MUDAR O NOSSO CORPO, A NOSSA VIDA E O MUNDO. ESSAS MESMAS TRADIÇÕES, NO ENTANTO, CONTÊM IDEIAS MUITO DIFERENTES COM RELAÇÃO AO MODO MAIS EFICAZ DE "FALAR" O IDIOMA DA ORAÇÃO. AO LONGO DOS TEMPOS, E A SEU MODO, CADA PRÁTICA ESPIRITUAL OFERECEU A SUA VISÃO PECULIAR SOBRE O QUE A ORAÇÃO É EXATAMENTE, O SEU MODO DE OPERAR E A MANEIRA DE APLICÁ-LA NA NOSSA VIDA. UMA SÍNTESE FINAL NOS MOSTRA QUE O IDIOMA DA ORAÇÃO NÃO TEM REGRAS E NÃO ENVOLVE FORMAS CERTAS OU ERRADAS DE EXPRESSÃO. ELA ESTÁ DENTRO DE NÓS COMO ALGO QUE BROTA NATURALMENTE: O SENTIMENTO.

segredos de um modo antigo de rezar

Ao descrever o sentimento como oração, o abade tibetano afirmou inequivocamente essa sabedoria intemporal que havia muito se perdera no Ocidente: "Quando vocês nos veem cantando muitas horas por dia, quando vocês nos veem usando sinos, orins, carrilhões e incenso, estão vendo o que fazemos para criar o sentimento em nosso corpo. Sentimento é oração!" Depois dessa explicação, ele me devolveu a pergunta: "Como vocês fazem isso na sua cultura?"

É estranho como uma única pergunta, formulada da maneira certa e no momento certo, pode cristalizar uma crença que talvez tenhamos tido dificuldade de expressar em palavras no passado. Ao ouvir a pergunta do abade, precisei penetrar no mais fundo do meu ser para explicar como eu acreditava que as orações ocidentais operam. Nesse momento, comecei a sentir todo o impacto das primeiras edições bíblicas.

Quando os livros que preservavam a sabedoria da emoção e do sentimento desapareceram das nossas tradições, coube unicamente a nós tentar compreender da melhor maneira possível o sentimento e a oração. Hoje, 17 séculos depois, vivemos numa cultura em que desacreditamos os nossos sentimentos, os negamos ou às vezes simplesmente os ignoramos por completo. Isso diz respeito de modo especial aos homens da nossa sociedade, embora essa tendência esteja mudando. É como se tivéssemos operado o computador cósmico da consciência e do sentimento durante quase 1.700 anos sem manual de instruções. Por fim, os próprios sacerdotes e pessoas de autoridade começaram a esquecer o poder do sentimento na oração. Foi então que começamos a acreditar que palavras são orações.

Se você pedir a alguém na rua, no aeroporto ou num shopping para que descreva a oração, muito provavelmente a pessoa recitará as *palavras* de orações conhecidas como resposta. Quando dizemos frases como "Agora me deito para dormir", "Deus é grande, Deus é bom", "Pai Nosso, que estais no céu", acreditamos que estamos rezando. Seriam as palavras um "código"? Em vez de ser a oração em si, poderiam as palavras que permanecem hoje ser a fórmula que alguém elaborou no passado distante para criar o *sentimento* da oração dentro de nós? Se for assim, as implicações são consideráveis.

Sentimos continuamente... em cada momento de cada dia da nossa vida. Apesar de nem sempre termos consciência do *que* sentimos, mesmo assim sentimos. Se sentimento é oração, e se estamos sempre sentindo, isso significa que estamos constantemente em estado de oração. Cada momento é oração. A vida é oração! Estamos sempre enviando uma mensagem ao espelho da criação, sinalizando cura ou doença, paz ou guerra, respeitando ou desrespeitando as nossas relações com as pessoas que amamos. A "Vida" é a Mente de Deus devolvendo-nos o que sentimos — o que rezamos.

Quando as orações deixam de ser eficazes

Durante os estudos realizados em 1972 sobre os efeitos da meditação e da oração em diferentes comunidades (discutidos anteriormente neste livro), os resultados se revelaram claramente mais do que simples coincidência ou acaso. Os experimentos foram submetidos a todos os procedimentos de pesquisa adotados em qualquer outro estudo científico confiável num ambiente de laboratório controlado. Os efeitos foram reais. E foram documentados.

Durante o que os pesquisadores chamaram de "janela" — o tempo em que as pessoas treinadas nas técnicas sentiam "paz" no seu corpo —, o mundo em torno delas refletia essa paz. Os estudos mostram claramente que houve reduções estatisticamente significativas nos principais indicadores que os pesquisadores estavam observando. Como mencionei anteriormente, diminuíram as ocorrências de acidentes de trânsito, de entradas em emergências e de crimes violentos. Na presença da paz, tudo o que podia acontecer era paz. Por

segredos de um modo antigo de rezar

mais interessantes que sejam, porém, o que esses resultados mostram em seguida continua sendo um mistério para os que se dedicam a esses estudos.

Quando os experimentos terminaram, a violência recomeçou, às vezes alcançando níveis ainda mais altos do que os anteriores ao início do experimento. O que aconteceu? Por que os efeitos das meditações e das orações cessaram? A resposta a essa pergunta pode ser a chave para compreender o poder do nosso modo perdido de rezar. O que aconteceu foi que os envolvidos *pararam* de fazer o que estavam fazendo; pararam de meditar e de rezar. Essa é a resposta para o nosso mistério.

Em grande parte, os estudos refletem o modo de meditar e de rezar que nos foi ensinado. Num dia típico, cumprimos as nossas rotinas diárias como comerciantes, estudantes e pais, simplesmente fazendo as coisas que devemos fazer. Num determinado momento do dia, reservamos uma breve "pausa espiritual". Talvez fechemos a porta para ter alguma privacidade no final do dia, depois de ter lavado a louça, colocado as crianças na cama e passado a roupa. Acendemos velas, colocamos uma música inspiradora e oferecemos orações de agradecimento ou entramos em meditações de paz. Então, ao terminar, *paramos* de fazer o que estávamos fazendo. Deixamos o nosso oratório e voltamos ao mundo "real". Embora eu possa ter exagerado um pouco algumas coisas aqui, a ideia é que as nossas meditações e orações quase sempre são algo que *fazemos* em algum momento do dia, e quando terminamos, *paramos*.

Se acreditamos que oração é algo que *fazemos*, então é perfeitamente compreensível que, quando a oração termina, seus efeitos também terminem. Se entendemos que oração é o gesto das nossas mãos postas diante do coração e as palavras que dizemos durante esse período, então ela é uma experiência de curta duração. No entanto, levando em consideração os antigos textos redescobertos no século XX, a oração nativa da chuva e a história do abade no Tibete, sabemos que oração é mais do que aquilo que *fazemos*. Oração é o que *somos!*

Em vez de algo que *fazemos* às vezes, essas tradições nos convidam a aceitar a oração como algo em que nos *tornamos* continuadamente. Como é impossível ajoelhar em oração 24 horas por dia e recitar as palavras deixadas pelos antigos até não conseguirmos mais repeti-las, também não é preciso fazer essas coisas para estar em oração. Sentimento é oração, e nós sentimos o tempo todo. Podemos sentir gratidão pela paz no mundo porque sempre há paz em algum lugar. Podemos sentir reconhecimento pela cura das pessoas que amamos, e também nossa, porque todos os dias somos até certo ponto curados e renovados.

A razão por que os efeitos dos experimentos pareceram desaparecer é que as orações terminaram. A paz mantida pela "bela e impetuosa força" presente no interior das pessoas que rezavam e meditavam simplesmente se dissipou quando o meio que a sustentava foi retirado. Pode ser exatamente isso que os essênios estavam tentando transmitir para as pessoas do futuro por meio do idioma que deixaram para nós há mais de 2.000 anos.

Traduções recentes de manuscritos antigos, escritos em aramaico, a língua dos essênios, oferecem novas ideias sobre as razões por que os registros de oração parecem tão vagos. Traduções refeitas de documentos originais deixam evidente a enorme liberdade que os tradutores tiveram no decorrer dos séculos com relação à terminologia e às intenções dos antigos autores. Na tentativa de condensar e simplificar as ideias dos autores originais, muita coisa se perdeu no processo de tradução.

No que se refere ao poder da oração, uma comparação da moderna versão bíblica do "Pedi e recebereis", por exemplo, com o texto

segredos de um modo antigo de rezar

original, nos dá uma ideia de quanto pode ser perdido! A passagem moderna e condensada da Bíblia diz:

"O que pedirdes ao Pai em meu nome, ele vos dará. Até agora, nada pedistes em meu nome; pedi e recebereis, para que a vossa alegria seja completa".[1]

Quando comparamos essa passagem com o texto original, vemos a chave que está faltando:

"Todas as coisas que pedirdes reta e diretamente... de dentro do meu nome, vos serão concedidas. Até agora não fizestes isso. Pedi sem motivo oculto e rodeai-vos com a vossa resposta. Envolvei-vos com o que desejais, para que a vossa alegria seja completa".[2] *[Ênfase do autor]*

Essas palavras nos lembram o princípio quântico que diz que oração é consciência. Ela é um estado de ser em que vivemos, e não alguma coisa que fazemos numa determinada hora do dia. Convidando-nos a *cercar-nos* de nossa resposta e a *envolver-nos* com o que desejamos, essa passagem nos lembra com palavras exatamente aquilo que o abade e o meu amigo David nos mostraram na sabedoria das suas tradições. Precisamos primeiro ter o *sentimento* das nossas orações já respondidas em nosso coração *antes* que elas se tornem a realidade da nossa vida.

Nas passagens acima, Jesus diz àqueles a quem se dirige que eles ainda não fizeram isso. Embora pudessem *acreditar* que pediam que suas orações fossem atendidas, expressando o pedido simplesmente com as palavras "Por favor, que essas coisas aconteçam", Jesus esclarece que essa não é a linguagem reconhecida pela Criação. Ele lembra aos discípulos que eles precisam "falar" com o universo de um modo que faça sentido.

segredos de um modo antigo de rezar

Quando sentimos como se estivéssemos rodeados por vidas e relacionamentos saudáveis, e envolvidos por paz no mundo, esse sentimento é tanto a linguagem quanto a oração que abre a porta a todas as possibilidades.

Lembrando o nosso poder

No clássico conto *O Mágico de Oz,* só quando Dorothy bate os calcanhares três vezes e diz "Leve-me para a casa de Tia Em!" é que ela é levada de volta para a sua família e para as pessoas que ama. Todos sabemos que não existe "mágica" em simplesmente bater os calcanhares. Se fosse assim, veríamos pessoas aparecendo e desaparecendo das filas da Starbucks e das salas de reuniões das empresas cada vez que fizessem a mesma coisa. As palavras de Dorothy não expressavam um pedido, e sim uma ordem. Com quem, ou com o quê, ela estava falando?

A ordem era para ela mesma! Ela não estava dando instruções à boa bruxa Glinda ou aos Munchkins que a rodeavam para que realizassem um ato de magia. Era Doroti que tinha os sapatos que se tornaram "objetos de poder" na sua jornada. Do mesmo modo que a pedra do xamã, a vara de Moisés, ou a túnica de José sinalizavam para o poder que existia dentro deles, o calçado de Dorothy produzia o mesmo efeito para ela. As três batidas eram o dispositivo de ativação dentro dela para que *sentisse* como se estivesse em casa — e numa fração de segundo, lá estava ela!

Existe uma sensação quase universal de que temos poderes antigos e mágicos dentro de nós. Desde quando éramos crianças, fantasiamos sobre a nossa capacidade de fazer coisas que estão além da esfera da razão e da lógica. E por que não? Enquanto crianças, as convenções que dizem que milagres não acontecem na nossa vida

O QUINTO SEGREDO

ainda não se arraigaram em nós a ponto de se tornarem limites para as nossas crenças.

É possível que a nossa sensação de ligação com uma força maior seja tão universal, e que almejemos tanto essa ligação, que preservamos as antigas fórmulas para estabelecê-la, apesar de ter esquecido como usá-las em nossa vida? Poderiam as nossas lembranças dos contos de fada e de magia, por exemplo, ter preservado segredos para o nosso modo perdido de rezar sem que sequer percebêssemos? Se sentimento é oração, então a resposta a essas perguntas é um retumbante *sim!* Com essa possibilidade em mente, vejamos alguns exemplos familiares do modo como o código para a oração foi transmitido de geração a geração ao longo do tempo.

Talvez a oração mais conhecida e universal seja a Oração do Senhor, o Pai-Nosso. Suas palavras são reverenciadas por quase um terço da população mundial, os dois bilhões de cristãos que buscam conforto e orientação nesse antigo código. A oração inteira é normalmente recitada durante cerimônias religiosas, mas as duas primeiras invocações são conhecidas como a Grande Oração: "Pai Nosso, que estais no céu, santificado seja o vosso nome".

Em vez de simplesmente recitar as palavras habituais, eu o convido a fazer uma experiência. Ao ler as palavras da Grande Oração, ou talvez dizê-las em voz alta, registre mentalmente como essas palavras o fazem *sentir-se.* Como você se sente enquanto fala pessoalmente à força que criou o universo inteiro e também a vida em cada célula do seu corpo? O que você sente ao tomar consciência de que o nome de Deus é um nome santo que só deve ser usado de modo reverente e sagrado? Não há maneira certa ou errada de sentir-se com relação a essa oração. A questão aqui é que as palavras que foram registradas há mais de 2.000 anos tinham o objetivo de evocar sentimento! Desvinculadas do tempo e das civilizações, as palavras se dirigem àquela parte de nós que é permanente: o coração.

segredos de um modo antigo de rezar

Seja qual for o sentimento que as palavras despertam em você, esse sentimento é a *sua* Grande Oração.

O Salmo 23 (22) é um código que atua do mesmo modo. Embora seja caracteristicamente usado como oração de conforto em tempos de dificuldade, como o falecimento de uma pessoa querida, esse código tem a intenção de trazer paz para quem o utiliza. Já com o primeiro verso: "O Senhor é meu pastor, nada me faltará", começamos a sentir como se fôssemos amparados e cuidados neste mundo. Embora as traduções exatas variem, a palavra *pastor* é uma constante em todas elas. É evidente que essa palavra foi usada intencionalmente devido à sua forte metáfora e à sensação de sermos protegidos por aquilo que ela desperta em nós.

É possível que um dos códigos de consolo mais admiráveis tenha sido oferecido por Deus a este mundo com o propósito de abençoar e promover a paz. Essa bênção antiga foi descoberta em 1979, inscrita em duas pequenas tiras de prata com formato de pergaminho. Essa passagem de Números 6,22-26 data de 400 anos *antes* dos Manuscritos do Mar Morto, e acredita-se que seja "a passagem mais antiga já encontrada entre as descobertas bíblicas".[3] Nas três frases do código, Deus prescreve uma fórmula que deverá ser usada para abençoar o povo, dizendo a Moisés: "Assim abençoareis os filhos de Israel". Em seguida, Ele oferece o código com estas palavras:

Yahweh te abençoe e te guarde!
Yahweh faça resplandecer o seu rosto sobre ti e te seja benigno!
Yahweh mostre para ti a sua face e te conceda a paz![4]

Deus termina suas instruções a Moisés dizendo, "Porão assim o meu nome sobre os filhos de Israel e eu os abençoarei". Desse modo, a oração foi preservada através das palavras que nos fazem sentir essas coisas.

O QUINTO SEGREDO

Em síntese...

É provável que esteja evidente até este ponto que o tema central deste capítulo é que sentimento é oração! Adotando este princípio, temos o grande segredo para ver atendidas todas as nossas orações, sem falta. O segredo é que devemos *nos tornar as próprias coisas* que escolhemos ter na nossa vida. Se estamos em busca de amor, compaixão e compreensão, precisamos desenvolver essas qualidades dentro de nós para que a Mente de Deus possa refleti-las de volta em nossos relacionamentos. Se queremos abundância, precisamos sentir gratidão pela abundância que já existe em nossa vida.

Diante disso, e sabendo do poder oculto na beleza, na bênção, na sabedoria e no sofrimento, como colocamos essas coisas em prática na nossa vida? O que fazemos com esses antigos segredos para superar os momentos difíceis da vida? Provavelmente, a melhor maneira de responder essa pergunta é simplesmente aplicar essas chaves num exemplo.

Usei anteriormente a história de Gerald para mostrar como às vezes somos atraídos para situações que nos levam ao mais profundo sofrimento, sob circunstâncias e em momentos que menos esperamos. No caso de Gerald, ele havia perdido tudo o que amava: esposa, filhos, casa e amigos. Seus próprios pais o haviam rejeitado momentaneamente como reação à dor por ele causada às suas vidas. Simplesmente fazendo escolhas a que se sentia impelido, o efeito cascata o levara diretamente à Noite Escura da Alma.

Uma vez na Noite Escura da Alma, Gerald tinha uma escolha. Ele podia deixar-se arrastar às profundezas ainda maiores da espiral negra da raiva, da tristeza, da traição e do desânimo, típicas de uma perda dramática. Ou podia mergulhar no mais íntimo da sua alma em busca de força para compreender o que havia acontecido e voltar à tona sabendo que seria um homem melhor daí em diante. Embora

O QUINTO SEGREDO

seja definitivamente necessário força para superar momentos assim na vida, a força por si só não é suficiente. Não podemos transcender uma experiência de Noite Escura usando a nossa força para superá-la! Precisamos de algo mais em que possamos aplicar a nossa força — um processo. Para Gerald, o que segue foi a maneira como ele iniciou o seu próprio processo.

— O sofrimento é o mestre, a sabedoria é a lição: A chave para curar qualquer provação que a vida nos apresente é que só podemos sofrer quando estamos preparados para o sofrimento. Isto é, só quando já temos todas as ferramentas emocionais para curar a nossa dor é que podemos atrair as experiências que nos darão condições de demonstrar o nosso domínio. Esse é o segredo sutil, mas poderoso, para lidar com o sofrimento.

A única maneira pela qual Gerald podia ter criado o que ele descreveu como a "bagunça" em que se encontrava era ter os elementos de compreensão que davam sentido às mudanças em sua vida. O simples fato de saber isso deu-lhe esperança, um novo modo de ver a vida e a força para prosseguir no processo, em vez de desistir. A bênção foi o lugar onde aplicar sua força.

— A bênção é o lubrificante emocional: Quando aplicamos os passos do processo de abençoar descrito anteriormente, suspendemos o sofrimento por tempo suficiente para substituí-lo por outra coisa. No caso de Gerald, eu o convidei a abençoar tudo o que dizia respeito à sua experiência. "Tudo?", ele perguntou.

"Tudo!", respondi. A chave para o sucesso da bênção é que ela reconhece tudo, desde aquele que sofre até aquele que faz sofrer.

Gerald começou abençoando a si mesmo — afinal, era ele quem sofria. Depois abençoou a mulher que o traiu. Ele acreditava que ela era a causa do seu sofrimento. E completou o processo abençoando

segredos de um modo antigo de rezar

todos aqueles que haviam testemunhado o seu sofrimento. Isso incluía suas filhas, sua mulher, seus pais e seus amigos. Ao abençoar, ele suspendeu sua própria dor por tempo suficiente para deixar entrar outra coisa. Essa "outra coisa" era a capacidade de ver o quadro geral e entender os fatos aparentemente sem sentido que estavam acontecendo em sua vida. Por meio do novo sentido da sua experiência de vida, ele encontrou a beleza.

— **A beleza transforma o nosso sofrimento:** Para além daquilo que só vemos com os olhos, quando conseguimos ver a simetria, o equilíbrio e o dar-e-receber de uma situação, começamos a entender por que as coisas aconteceram daquela maneira. É onde ocorre a mágica! Quando o nosso sofrimento faz sentido para nós e conseguimos ver a luz no fim do túnel, começamos a nos sentir diferentes a respeito da nossa experiência. Nessa diferença, o nosso sofrimento se transforma em sabedoria. Aqui começa a cura.

— **Sentimento é oração:** Antigas tradições nos lembram que o mundo à nossa volta é o espelho daquilo que nos tornamos em nossa vida: o que sentimos sobre a nossa relação com nós mesmos, com os outros e, por fim, com Deus. Evidências científicas atuais sugerem exatamente a mesma coisa; o que sentimos dentro do nosso corpo é levado para o mundo além do corpo.

Para Gerald, como também para muitos de nós, essa é uma maneira nova de ver as coisas, diferente daquela que nos foi ensinada. Ela também fortalece. Alguns dias depois de iniciar o seu processo, Gerald conseguiu abençoar e redefinir a sua dor e amargura. Os novos sentimentos se tornaram a oração que ele enviou ao mundo à sua volta. Quase imediatamente, seus relacionamentos começaram a refletir suas orações. Embora ainda precisasse trabalhar a situação, ele e sua ex-mulher desenvolveram uma amizade saudável. Isso foi bom para eles e para as filhas. Em pouco tempo também Gerald envolveu-se num novo romance que espelhava sua nova autopercepção. Juntos, ele e sua companheira empreenderam uma jornada de descoberta que sua antiga esposa consideraria ameaçadora.

Dessa forma, Gerald superou a sua Noite Escura da Alma. Eu o vi pela última vez em 1990, e ele disse: "Meu amigo, estou feliz que tenha passado. Acho que não suportaria passar por outra dessas!"

"Podem aparecer outras", repliquei. "Só porque você sai de uma Noite Escura não significa que não terá outra. Significa apenas que você conseguirá perceber que ela está chegando, e saberá sem sombra de dúvida que sempre há uma vida melhor no outro lado".

Orações pessoais

O fundamento de tudo o que estamos dizendo aqui é que as palavras das orações não são orações em si. Embora as palavras possam ser bonitas, antigas e relíquias consagradas pelo tempo, elas são apenas o catalisador que libera a força. E a força está dentro de você! *Você* é a palavra operativa aqui. Do mesmo modo que o código num computador aciona uma série de eventos, as palavras despertam sentimento no nosso corpo. Mas nem o código nem as palavras têm qualquer poder até que adquiram significado. Para o código, é o sistema operacional do computador. Para as palavras, são os nossos sentimentos.

As orações são pessoais. As palavras que despertam um sentimento intenso de gratidão ou reconhecimento em mim podem não ser tão eficazes para você. É aqui que você pode entreter-se com as orações: Crie as suas próprias orações! Encontre as palavras especiais que têm sentido para você, para você somente, para que lhe sirvam como uma oração sagrada e secreta entre você e Deus.

segredos de um modo antigo de rezar

Uma oração pode ser tão simples quanto uma única afirmação declarando que qualquer que seja o objeto da sua prece ele já está realizado. Um exemplo desse tipo de oração pode ser uma frase simples que você repete para si mesmo cada vez que fecha a porta do carro e dá partida para ir a algum lugar, como a um supermercado: "Agradeço a viagem segura e o retorno a salvo". Ao dizer a oração, *sinta* a gratidão como se a sua viagem já tivesse sido realizada.

Para fortalecer a sua oração com os sentidos, visualize-se fazendo alguma coisa depois de voltar para casa, como tirar os mantimentos do porta-malas e arrumar as latas no armário ou colocar as verduras no refrigerador. A chave é que você só pode tirar as compras do carro e guardá-las se voltar para casa. Desse modo, você fixa a intenção poderosa de uma viagem segura sentindo-a como se já tivesse acontecido.

Conta-se que o Dalai Lama usou essa forma de oração quando iniciou a viagem insidiosa que o levou do seu país para o exílio através das montanhas escarpadas que separam o Tibete da Índia. "Eu vejo uma viagem segura", disse ele, se os relatos são fiéis, "e um retorno seguro".

Caso você tenha uma veia poética, as suas orações podem refletir a sua criatividade em forma de rimas. Além de ser fáceis de lembrar, as rimas podem se tornar parte do seu ritual diário. O importante é agradecer o sentimento que elas criam. Tenho um amigo que oferece esse tipo de oração enquanto dirige para o trabalho todos os dias. A sua casa e o seu trabalho estão separados por uma cadeia de montanhas, e muitos animais selvagens que frequentemente cruzam o caminho no lusco-fusco tanto do amanhecer como do anoitecer às vezes são mortos. Sempre que ele se prepara para sair, sua oração começa assim: "Todas as criaturas, grandes e pequenas, estão seguras hoje, cada uma e todas elas".

Embora possa parecer muito simplista, acredito que o mundo funciona desta maneira: a criação responde ao que nós nos tornamos — e ao que sentimos. Talvez não seja coincidência que ao longo de todos os anos em que o meu amigo ofereceu a sua oração a Todas as Criaturas, ele nunca sofreu um acidente com os animais que cruzam a rodovia. Embora os veja na beira da estrada, ou cruzando logo antes ou depois de ele passar, sua oração tem sido atendida.

Tenho outra amiga que faz coisa parecida sempre que viaja a negócios. Seja de avião, de táxi ou dirigindo o próprio carro, ela começa cada viagem agradecendo à inteligência viva que está presente inclusive nas coisas que chamamos de inanimadas. Durante a decolagem do avião, por exemplo, ela afirma: "Nós criamos esta máquina do pó da terra para nos servir durante a vida desde o momento do nascimento".

Repito: embora isso pareça simplista ou mesmo ridículo para algumas pessoas, são essas palavras que criam para ela o sentimento de que está em contato com a substância de que o avião é feito. Nessa comunhão sagrada, ela sente a força de estar ligada à máquina responsável por sua segurança, em vez de simplesmente esperar por um voo bem-sucedido.

Esses são apenas alguns exemplos. Sabendo como nossas orações operam, eu o convido a criar a sua. Divirta-se com os seus poemas-oração. Compartilhe-os com os amigos. Não se surpreenda se lhe ocorrer muito naturalmente consolidar e selar as suas orações com uma rima. Nós sabíamos fazer isso quando éramos crianças, e os nossos filhos lembram como fazê-lo atualmente. Essa não é uma coisa tola; ao contrário, podemos simplesmente descobrir que através de momentos tão simples e agradáveis da vida, estamos aplicando uma antiga tecnologia interior para entrar em contato com a força mais poderosa do universo! E você achava que era apenas um simples poema.

Notas

Introdução

1. Rumi, Daniel Ladinsky, trad., *Love Poems from God, Twelve Sacred Voices from the East and West* (Penguin Compass 2002), p. 65.

2. Esses versos foram tirados de uma entrevista com Bruce Hucko. Shonto Begay, "Shonto Begay", *Indian Artist,* vol. 3, no. 1, p. 52.

3. Em 325 d.C., o imperador Constantino, do Sacro Império Romano, convocou um concílio da primitiva Igreja Cristã e pediu um parecer sobre quais livros deveriam ser incluídos, ou canonizados, na forma da Bíblia que é usada até hoje. A recomendação do concílio foi a de remover 25 livros e editar e condensar outros 20. Descobertas arqueológicas feitas no século XX, como as dos Manuscritos do Mar Morto e da Biblioteca de Nag Hammadi, tornaram conhecidos os conteúdos de inúmeros desses livros bíblicos "perdidos", alguns mantidos no anonimato desde que foram editados, além de versões originais de pelo menos outros 19 livros que não foram incluídos na versão final da Bíblia, mas que estiveram disponíveis em forma modificada.

4. Edmond Bordeaux Szekely, org. e trad., *The Essene Gospel of Peace, Book 2* (Matsqui, B.C., Canada: I.B.S. International, 1937), p. 31.

segredos de um modo antigo de rezar

Capítulo 1

1. Max Planck, ganhador do Prêmio Nobel de Física, chocou o mundo com essa referência ao poder das forças invisíveis da natureza durante um famoso discurso em Florença, Itália, em 1917. Notoriamente um homem à frente do seu tempo, as intuições de Planck manifestaram-se aproximadamente 80 anos antes que físicos quânticos demonstrassem a existência de um campo unificado em condições de laboratório. John Davidson, *The Secret of the Creative Vacuum* (Londres: C.W. Daniel Company, 1989).

2. James M. Robinson, org., *The Nag Hammadi Library,* "The Gospel of Thomas", Claremont, Califórnia (HarperSanFrancisco, 1990), p. 137.

3. Orações coloquiais são preces informais oferecidas em linguagem habitual. Por exemplo: "Deus querido, se apenas desta vez eu conseguir chegar ao posto de gasolina antes que o tanque fique vazio, prometo que nunca mais vou deixar que o nível de combustível fique tão baixo!" Orações rogatórias ou petitórias são pedidos dirigidos a Deus, como: "Deus Poderoso, peço agora uma cura total para todas as manifestações do passado, do presente e do futuro". Orações ritualísticas são talvez as mais conhecidas. Elas são oferecidas com palavras específicas pronunciadas num momento específico do dia ou do ano. Dois exemplos: "Deito-me agora para dormir..." e "Deus é grande, Deus é bom..." Algumas pessoas fazem distinção entre meditação e oração, considerando a oração como um "falar" com Deus e a meditação como um "ouvir" a Deus. Durante a meditação, mantemos a consciência de uma presença sagrada que permeia o nosso mundo e o nosso ser, e aplicamos as técnicas de vários ensinamentos para viver o que essa presença significa em nossa vida e como utilizá-la.

4. Foi realizado em 1887 o vergonhoso experimento Michelson-Morley para determinar, de uma vez por todas, se uma substância misteriosa banha ou não toda a criação e conecta realmente os eventos da vida. Conquanto o experimento fosse inovador, os resultados foram objeto de interpretação e controvérsia. Uma analogia com o experimento seria levantar o dedo acima da cabeça para saber se há vento. Se concluíssemos que por não haver vento, não existiria ar, teríamos uma boa ideia do modo como o experimento Michelson-Morley foi interpretado. Segundo esse experimento, os físicos concluíram que o "éter" não existia, e que alguma coisa que acontece num lugar não tem efeito sobre algo em outra parte do mundo. Hoje sabemos que isso simplesmente não é verdade. Michael Fowler, "The Michelson-Morley Experiment", U. Va. Physics Department (1996). Website: http://galileoandeinstein.physics.virginia.edu/lectures/michelson.html

Notas

5. Essa extraordinária afirmação nos lembra que as coisas que vemos em nosso mundo têm origem em outro reino invisível da criação. O que vemos como relacionamentos, saúde, doença, paz e guerra são meramente sombras do que acontece nos reinos superiores que chamamos de "dimensões" e os antigos chamavam de "céu". Szekely, *The Essene Gospel of Peace, Book 2,* p. 45.

6. David W. Orme-Johnson, Charles N. Alexander, John L. Davies, Howard M. Chandler e Wallace E. Larimore, "International Peace Project in the Middle East", *The Journal of Conflict Resolution,* vol. 32, no. 4 (dezembro de 1988), p. 778.

Capítulo 2

1. Rowan Williams, "As Eye See It: So Where Was God at Beslan?" *Virtue Online: the Voice for Global Orthodox Anglicanism* (8 de setembro de 2004). Website: www.virtueonline.org/portal/modules/news/article.php?storyid=1283

2. James M. Robinson, org., *The Nag Hammadi Library,* traduzido e introduzido por membros do Coptic Gnostic Library Project, do Institute for Antiquity and Christianity, Claremont, California (San Francisco, CA: HarperSanFrancisco, 1990), p. 134.

3. "Aging Changes in Organs, Tissues and Cells", *HealthCentral, Website:* www.healthcentral.com/mhc/top/004012.cfm.

4. "Chill Out: It Does the Heart Good", boletim informativo da Duke University citando o estudo técnico da relação entre resposta emocional e saúde cardíaca, publicado originalmente no *Journal of Consulting and Clinical Psychology.* http://Dukemednews.org/news/article.php?id=353

5. Brigid McConville, "Learning to Forgive", Hoffman Quadrinity (2000). Website: www.quadrinity.com

Capítulo 3

1. Williams, "As Eye See It".

2. Rumi, Coleman Barks, trad., *The Illuminated Rumi* (Nova York, Broadway Books, 1997), p. 98.

3. McConville, "Learning to Forgive".
4. Robinson, org., *The Nag Hammadi Library*, p. 128.
5. Ibid., p. 129.
6. Lucas 6,28.
7. Epístola aos Romanos 12,14.

Capítulo 4

1. R. H. Charles, trad., *The Book of Enoch the Prophet* (Boston, MA: Weiser, 2003), p. 5.
2. Begay, "Shonto Begay", *Indian Artist*, vol. 3, no. 1, 1997, p. 52.
3. O vento realmente dividiu o fogo em duas partes naquela tarde, e assim queimou em duas direções diferentes. Brigadas de incêndio contiveram ambas as frentes em poucos dias. Embora a terra estivesse carbonizada e a chuva de cinzas tornasse a água imprópria para consumo por algum tempo, Taos Pueblo em si sofreu apenas danos menores.

Capítulo 5

1. João 16,23-24.
2. Neil Douglas-Klotz, trad., *Prayers of the Cosmos: Meditations on the Aramaic Words of Jesus* (San Francisco, CA: HarperSanFrancisco, 1994), pp. 86-87.
3. John Noble Wilford, "Solving a Riddle Written in Silver", *New York Times* (28 de setembro de 2004).
4. Números 6,22-27. A versão da *Bíblia de Jerusalém* restabeleceu o texto original que foi modificado ou suprimido nas edições do século IV. Esse texto menciona o nome antigo e original de Deus, YHVH, que foi substituído em 6.800 ocorrências de outras versões do Antigo Testamento com palavras como "Adonai", "O Senhor" e "O Nome".

Sobre o Autor

Melissa Sherman

Autor *best-seller* do *New York Times*, Gregg Braden tem sido um convidado de destaque em conferências internacionais e em programas especiais da mídia, abordando o papel da espiritualidade na tecnologia. Ex-projetista sênior de sistemas computacionais (Martin Marietta Aerospace), geólogo computacional (Phillips Petroleum) e gerente de operações técnicas (Cisco Systems), Braden é considerado autoridade importante como ponte de ligação entre a sabedoria do passado e a ciência, a medicina e a paz do nosso futuro. Suas viagens a aldeias em montanhas remotas, mosteiros e templos de um passado distante, somadas à sua formação e conhecimento científicos, qualificam-no para trazer os benefícios de tradições há muito perdidas para a linha de frente da nossa vida atual.

Dos seus livros inovadores, *Awakening to Zero Point* e *Walking Between the Worlds,* ao seu trabalho pioneiro em *O Efeito Isaías,* Gregg oferece soluções de extraordinário valor para os desafios do nosso tempo. Em *O Código de Deus,* ele aventurou-se além das fronteiras tradicionais da ciência e da espiritualidade, revelando as palavras de uma linguagem antiga — e de uma mensagem atemporal de esperança e possibilidades — codificada como as células de toda vida.

Website: www.greggbraden.net

Para mais informações, entrar em contato com o escritório de Gregg:

Wisdom Traditions
P.O. Box 5182
Santa Fe, New Mexico 87502
(505) 424-6892
ssawbraden@aol.com